«VIVRE, c'est faire de chaque instant présent une note d'amour, sachant que seule la Magie de l'amour guérit et crée, en demain, la pure Joie d'Être!»

Dolores

ÊTES-VOUS SAUVEUR,
VICTIME OU BOURREAU ?

Données de catalogage avant publication (Canada)

Lamarre, Dolores, 1952-

Êtes-vous sauveur, victime ou bourreau?: identifier et comprendre les rôles du triangle relationnel

(Le rayon d'or)
Comprend des réf. bibliogr.

ISBN 2-89436-084-3

1. Triangle (Relations humaines). 2. Relations humaines. 3. Influence (Psychologie). 4. Contrôle (Psychologie). I. Titre. II. Collection: Rayon d'or.

BF636.L33 2002 158.2 C2002-941704-X

Nous remercions la Société de Développement des Entreprises Culturelles du Québec (SODEC) pour son appui à notre programme de publication.

Infographie:
Caron & Gosselin

Mise en pages:
Composition Monika, Québec

Éditeur:
Éditions Le Dauphin Blanc
C.P. 55, Loretteville, Qc, G2B 3W6
Tél.: (418) 845-4045 – Fax (418) 845-1933
Courriel: *dauphin@mediom.qc.ca*

ISBN 2-89436-084-3

Dépôt légal:
3e trimestre 2002
Bibliothèque nationale du Québec
Bibliothèque nationale du Canada

Dolores Lamarre

ÊTES-VOUS SAUVEUR, VICTIME OU BOURREAU ?

Identifier et comprendre les rôles du triangle relationnel

Collection: Le rayon d'or

Le Dauphin Blanc

À Isis, déesse et grande prêtresse qui, de sa Magie de Vie, manifeste et guérit...

À tous les amants de l'Égypte, du Soleil, du Cristal et de l'Amour.

À La Minganie, ce beau coin de pays qui a contribué à m 'enseigner l'Amour. Mingan et Havre-St-Pierre, chers cayens, je vous salue particulièrement...

À Gaïa, ma chère terre

Au Rayon d'Or dans ce qu'il a été, qu'il est et sera... éternellement!

Pour les prisionniers du triangle, afin d'éclairer leurs pas vers la liberté...

REMERCIEMENTS

Une profonde gratitude s'élève en mon cœur. L'écriture de ce livre a vu encore une fois ma vie se transformer. J'ai lâché prise et suivi la rivière pour y trouver un doux asile doré. Merci à mes guides et à Jésus, mon maître enseignant. Merci aux maîtres ...

Une reconnaissance particulière à Lise Francœur pour son sourire et pour l'amour avec lequel elle a transcrit, patiemment, mon texte manuscrit.

Un clin d'œil d'amitié à Marie-Josée Tardif pour son support en correction, son Soleil et sa douce complicité.

Abondance et Force soient données aux Éditions le Dauphin Blanc qui m'accueillent en leur famille.

Une pensée particulière va vers ceux qui croient en moi et m'encouragent, et vers vous chers lecteurs, anciens et nouveaux.

Merci à la Vie, aux êtres de mon passé, de mon présent et de mon futur.

INTRODUCTION

J'entreprends un nouveau chemin avec vous, celui d'une dynamique relationnelle, à travers les jeux de rôles du triangle : sauveur – victime – bourreau. Je vous invite à passer un moment avec moi afin de découvrir comment, dans la vie de tous les jours, ces facettes se présentent en chacun de nous à travers les relations avec nos proches, au travail, en société...

Comment exerçons-nous, dans le jeu de l'ego, l'emprise du besoin d'en satisfaire les couleurs ? Quelle est votre dominante et où prend-elle sa source ? Jusqu'à quel point sommes-nous *victimes*, inconscientes le plus souvent, de l'impact de ces rôles sur nos choix, notre mieux-être, notre équilibre, notre qualité de vie ?

Quelle somme d'énergie perdons-nous à nous battre pour répondre aux attentes ou nous prouver que nous avons raison de nous plaindre ? Endosser, en sourdine, ou manifester de l'autorité, peut-il faire du bourreau un être prisonnier de son personnage ? Et la culpabilité ? Et le sauveur ? Ce dernier use-t-il de ce rôle pour se prouver qu'il existe et ainsi demander à être reconnu et aimé?

Je vous propose un temps d'arrêt par la lecture des pages qui suivent. Arrêtez la pellicule sur laquelle votre vie est inscrite. Si vous en avez le goût, rembobinez-la afin d'en revoir la perception, dans une projection mieux éclairée du jeu de rôles des personnages et de votre performance. Vous qui vivez au cœur du triangle, vous en êtes l'acteur principal.

Une page de vie

Ce chemin-là, je le connais puisque je l'ai emprunté à mon insu pendant de nombreuses années. Coincée à l'intérieur de ce triangle, prisonnière de celui-ci de maintes façons, je suis passée souvent à côté de l'essentiel dans l'illusion de m'aimer et d'aimer sans condition.

Ma vie défilait et je n'arrivais pas à ressentir la Présence Vivante, l'État du Bonheur au fond de moi. J'étais devenue une femme active, cherchant à accomplir chaque tâche dans la *perfection*. Esclave de ma vision relative à mes jeux de rôles familiaux et sociaux, je me limitais à ce qui me semblait être la manière *correcte* d'évoluer.

Un jour, j'ai commencé à découvrir ma vérité en rencontrant les divers aspects de ma personnalité. Ma vie a changé favorablement.

En écrivant ce livre, je n'ai pas la prétention de vous offrir la clé du bonheur ou des recettes pour vivre celui-ci au quotidien. J'ai juste le goût de vous partager les fruits de mon humble connaissance, issue certes de mon cheminement personnel mais appuyée par plusieurs années de travail à guider, à écouter les personnes qui sont venues vers moi, cherchant à retrouver le Soleil en elles.

Afin d'accomplir mon travail de consultation et d'enseignement, j'ai eu à nourrir mon propre Soleil, car comment réchauffer et éclairer sinon qu'à partir de mon centre intérieur. Je tiens donc à remercier chaque personne qui m'a fait confiance, qui est venue en consultation et qui, par notre rencontre, m'a permis de clarifier ma voie, tout en explorant la leur. L'intervenant guérit avec le sujet.

Bien entendu, il existe déjà maints écrits traitant de ces aspects, certains simples, d'autres plus complexes. Je désire que mon enseignement, par le biais du présent ouvrage, vous soit présenté dans l'expression de la simplicité des mots, du contenu et dans un contenant accessible à tous, le masculin incluant le féminin.

Comme dans mes livres précédents, je vous propose une lecture *à volets*, c'est-à-dire une lecture qui nécessite parfois une *pause-réflexion* et même l'intégration d'une notion, avant de poursuivre l'enseignement.

Je vous suggère d'être authentique avec vous-même: pourquoi ne pas en profiter? Demandez à ceux qui vous entourent de vous aider à vous connaître mieux en répondant à certaines questions qui vous seront présentées ou à d'autres que la lecture de certains passages suscitera en vous.

Ne vous prenez pas trop au sérieux car le développement personnel n'a pas à être sous le sceau de la rigidité. Au contraire, il vise à guider vers la souplesse, le lâcher prise, l'équilibre et la joie de vivre. Alléger nos armures crée de la place pour Être et se sentir de mieux en mieux, vivant et heureux.

Vous retrouverez sûrement dans mes propos une couleur reliée à votre souffrance, laquelle vous semblera vaguement ou clairement familière, faisant partie de votre palette, de façon consciente ou non. Ce sera alors une opportunité de *rechoisir*: la conserver dans votre garde-robe, colorant vos masques et costumes de théâtre, y apporter des nuances ou carrément vous en départir.

Alors cher lecteur, êtes-vous prêt à découvrir comment vous assumez vos rôles de sauveur-victime-bourreau dans cette pièce qu'est votre vie? Êtes-vous prêt à réviser chaque acte, chaque costume et à alléger votre valise? Êtes-vous prêt pour le Bonheur?

Vous êtes le personnage le plus important de votre histoire. Prenez-vous le temps de modifier votre scénario afin d'en améliorer la trame dramatique ou laissez-vous votre pouvoir de choisir l'amour au lieu de la peur à un quelconque personnage venu sur la scène, se prétendant l'auteur, le metteur en scène, le producteur, le réalisateur?

Le rideau se lève. Sur le chemin qui conduit à la sagesse et à la maîtrise de votre vie, vous demeurez libre en tout temps de vous lever et de sortir de la salle, devenue parfois trop poussiéreuse et étouffante. Vous êtes libre de choisir d'améliorer votre respiration et de transformer la perception de votre réalité en vous permettant d'Être simplement ce que vous êtes et en choisissant, dans la douceur et à votre rythme, des couleurs plus appropriées à votre image nouvelle.

Alors voilà, en l'espace de quelques heures, je deviens votre serviteur, l'éclairagiste en quelque sorte mais non votre sauveur toutefois!

Mon rôle: être une source génératrice diffusant, par l'énergie des syllabes et des mots, la charge nécessaire afin d'éclairer la scène de votre vie. Un Rayon d'Or déposé avec tendresse sur votre cœur.

Au moment où je me prépare à entrer dans le vif du sujet de mon bouquin, j'ai le goût de m'approcher de votre cœur en vous ouvrant le mien. De cette façon, nous serons cœur à cœur; ainsi se produit, selon moi, la véritable communication: celle qui permet à l'amour de traverser les frontières du mental pour entrer dans les mots et créer la magie de la guérison. En effet, seul l'amour guérit.

En Égypte, il existe de belles légendes. L'héritage culturel et spirituel parle d'une grande déesse vénérée appelée Isis. Juste comme ça, laissez-moi vous raconter, au plus simple de son expression et de mes connaissances, son histoire.

Situons-nous à l'époque de l'ancienne Égypte...

Isis avait un époux appelé Osiris. Ces déités reconnues et aimées régnaient sur la communauté, prenaient soin du peuple, enseignaient l'unité, l'immortalité, la sagesse, les vertus favorables à l'amour, à l'abondance, à la Vie.

Un jour, Osiris fut tué par un proche parent nommé Seth. Seth, jaloux, convoitait le pouvoir. Les forces du mal l'habitaient. Dans cet acte morbide, Seth démembra sa victime et cacha chacune des parties de son corps en un endroit différent de la terre égyptienne.

Or, il s'avérait qu'Isis était magicienne. Par la force de l'amour et avec l'assistance de l'univers, Isis possédait des pouvoirs surnaturels qui l'aidait à protéger son chaleureux peuple. Lorsqu'elle apprit la mort d'Osiris, elle en éprouva un grand chagrin. Utilisant ses dons de voyance, elle se mit à la recherche du corps démantelé de son époux.

Ainsi elle retrouva, une à une, chaque partie du corps d'Osiris, sauf le phallus. Elle décida de le recréer combinant terre et autres matières, puis souffla sur le corps inanimé. Grâce à son pouvoir de magicienne et à celui de l'amour, Osiris revint à la vie. De nos jours encore, cette histoire est inscrite dans l'alchimie du cœur de chaque égyptien.

Nous avons tous, de façon un peu moins spectaculaire, les pouvoirs d'Isis.

Notre pensée crée; l'amour amène la guérison de l'âme et transforme l'esprit. Alors les bienfaits ressentis dans le corps physique sont innombrables, passant du simple soulagement à la guérison totale. Le chemin du chercheur est parsemé de richesses. Malheureusement nous avons perdu notre carte routière dans l'amas de nos listes de choses à faire.

J'arrive d'Égypte, un voyage que je considère au-delà des limites des sens humains, des frontières de l'intellect. Je me suis abandonnée à la magie, à la connaissance vibrante, à chaque respiration.

Au sommet de la Grande Pyramide, laissant la chambre du roi se révéler à tout mon être, buvant l'Initiation sacrée de ce privilège de royauté, j'ai demandé la réalisation de ma souveraineté personnelle. L'espace-temps n'existait plus. Dans ce vide, ce plein de lumière, de sagesse et de connaissances, j'ai chanté et prié à l'endroit même où jadis s'étaient posés les pieds de Jésus.

J'ai entendu le cri de ma souffrance encore enfouie. J'ai senti la force de l'amour et la magie vibrer en moi. Dès cet instant, comme Osiris, je sentis à nouveau la vie à jamais inscrite en moi. Non point que cette sève ne coulait pas en moi auparavant, mais je savais qu'à partir de cette expérience sacrée, mon travail serait de poursuivre ma guérison et que quelque chose serait différent.

Sans pouvoir l'expliquer précisément, c'est comme si tous les aspects de mon être, dispersés ici et là à travers ma vie, s'étaient spontanément regroupés à la porte de ma conscience. En file, ils attendaient d'en franchir le seuil au quotidien de mon futur, me permettant d'apprendre à développer *ma magie* pour l'utilisation optimale de mon pouvoir personnel. D'ailleurs, ce pouvoir est présent en chacun de nous. Son principal objectif est de nous aider à avancer vers la maîtrise de soi, nous invitant du coup à cesser de se servir du contrôle, dans l'illusion que c'est le chemin du bonheur!

Cette expérience initiatique me propulsa à la rencontre d'anciennes blessures. Certes, j'avais réussi à alléger la charge de quelques-unes d'entre elles. Mais leur réactivation feutrée me signifiait qu'était venu le temps d'en approfondir la guérison.

Sauveur-Victime-Bourreau?

Permettez-moi un sourire, car si actuellement je puis me détacher de ma souffrance, c'est investie de la couleur et de la mémoire de celle-ci que je nourris ma plume. J'espère que cette conscience nouvelle vous guidera dans la vision de votre réalité et vous apportera clarté, amour et libération.

Ceux qui ont lu mes livres précédents se rappelleront peut-être certains passages dans lesquels je leur partageais, en survol, certains aspects de ma souffrance.

Il ne faut pas se le cacher, l'heure n'est plus à tirer le rideau, de crainte d'être découvert. C'est en parlant ouvertement, en agissant, en riant même de nos blessures que nous arriverons à un monde plus sain. C'est d'abord en soi que les changements doivent s'opérer. Par la suite notre rayonnement personnel agira subtilement sur les autres et ainsi nous contribuerons, dans un rythme naturel et sans effort, à favoriser le nouvel équilibre dans l'ordre humain et planétaire.

Il ne s'agit pas non plus de se leurrer, de s'enfouir la tête dans le sable et/ou d'accuser. Alors que j'écris ces lignes, il y a la guerre! Bien sûr, celle-ci fait la une des médias, à leur grand bonheur. J'ai pu constater le pouvoir de *contrôle* que ceux-ci exercent sur la masse des gens. Ce pouvoir sombre, comme je l'appelle, sait utiliser les *opportunités* pour nourrir la peur et ainsi contrôler l'amour. Cette idée de guerre ne date pas d'hier. L'histoire parle même d'une ancienne rivalité entre les anges!

Ce voyage-atelier que j'organisais en Égypte, à l'automne 2001, a bien failli être annulé. Les événements du 11 septembre 2001 avaient fait naître en chacune des personnes inscrites, des inquiétudes et des peurs. Un examen de la motivation et des risques était rapidement devenu nécessaire.

Les médias, la télévision particulièrement, bombardaient nos cerveaux d'images chargées de souffrance. La colère, la haine, la peine, l'impuissance et la peur grandissaient, nourrissant autour de la Terre une vibration de plus en plus basse. La peur triomphait et son pouvoir devenait grand.

Après avoir pris le temps de rencontrer nos émotions, de revenir en notre centre intérieur pour y retrouver notre chemin et de se reconnecter à notre pouvoir de choisir, nous avons fait fi du tapage médiatique. Notre groupe, composé de seize personnes, choisit de partir.

Notre décision fut récompensée car nous avons reçu en ce pays musulman, en ces terres ancestrales ensoleillées, les plus grands égards. Nous avons été choyés. Maintes portes et expériences nous furent accessibles alors que la masse touristique était réduite à nous seuls parfois.

Nous avons ressenti et écouté la déception des Égyptiens devant l'assaut médiatique qui nourrissait la peur et causait mises à pied et inquiétudes. La sécurité dans tout le pays était pourtant omniprésente, telle l'était également la chaleur des yeux et des cœurs de ceux que nous rencontrions, en cette terre pharaonique.

Par nos choix, notre geste de solidarité vis-à-vis les membres de ce peuple arabe, innocentes victimes d'un pouvoir déguisé et acceptable socialement, nous avons permis à certains de ces gens d'être au travail et de pourvoir aux besoins de leurs familles. En effet, la plupart des employés du secteur des services touristiques avaient été congédiés en raison du peu d'achalandage. Les visiteurs, affolés par les images et propos décourageants, avaient choisi d'annuler leurs voyages.

Je remercie encore! Ce fut une grande leçon de vie pour nous, du Caire à Assouan jusque vers Sinaï.

Quelques semaines plus tard, alors que je suis à vous partager mon vécu, tombe la première neige de décembre. Celle-ci étend son doux manteau sur ma retraite secrète, près d'un joli lac, alors que je fais paisiblement le bilan de cette expérience. Dans cette paix, seuls la joie de vivre des oiseaux et les jappements d'un petit chien, aux abords d'un sentier, me tiennent compagnie.

Je me dis qu'après tout, il y a différentes façons de terroriser le monde. Je pense à la façon dont les journalistes et les responsables de stations de transmission le font. Ignorants, ou voulant éviter de s'arrêter sur l'impact de leurs propos, ils remplissent leur mandat d'information, mais à quel prix!

Ainsi les auditeurs et les lecteurs deviennent victimes de ce pouvoir de contrôler, de ce *droit de contrôle*. Leurs choix, leurs pensées, leurs vies s'en trouvent soudainement infectés et cette énergie se propage autour d'eux. Et puisque la pensée crée, qu'il nous arrive ce qu'on croit et non ce qu'on veut, nous devenons de moins en moins maîtres de notre vie, baignés de cette vibration lourde et de plus en plus aliénés sans nous en rendre compte. La respiration devient plus courte, les peurs et les attentes plus grandes et la victime en soi grandit.

J'utilise cette expérience pour vous démontrer comment peut agir sur soi l'énergie soutenant la victime.

Il y a aussi la culpabilité reliée à l'impuissance et l'illusion de se penser en dehors du champ électromagnétique de la souffrance collective. Cette dernière pensée magique nous fait croire que cela ne nous atteint pas, ne peut pas nous atteindre. Pour contrer ces états et nos émotions, pas uniquement ceux dont nous sommes conscients, nous adoptons d'autres jeux de rôles en devenant sauveurs par exemple ou en exprimant de la colère. Le rôle de sauveur, jugé plus acceptable socialement, cache souvent celui de la victime qui, à l'insu, mine subtilement l'énergie vitale et nourrit la peur. Dans la définition des patterns à venir, nous verrons que la victime est aussi très souvent sauveur.

Et le bourreau? Il est présent en chacun de nous, à ses heures, selon les expériences; il se manifeste parfois sous des aspects *valorisés* par la plupart des gens. En d'autres moments, il devient le porte-parole de nos mécanismes secrets de protection, de défense. Intéressant, n'est-ce pas?

Je ne vous demande pas de faire un fondement de mon analyse, mais simplement de vous amuser, au fil de votre lecture, à créer des liens pour les ramener vers vous, et non vers votre conjoint ou votre conjointe, ni vers quiconque de votre entourage. Souvent, il est plus facile de regarder chez l'autre ce qui ne va pas. Mais alors, vous perdriez une opportunité de vous connaître davantage.

Je vous propose donc d'entrer dans chaque thème: sauveur-victime-bourreau, comme lorsque vous étiez enfant et que par la magie de la pensée, vous entriez dans les livres de contes. Et après tout, si c'était vrai...?

Il était une fois...

Une vaste salle de cinéma dont les sièges confortables étaient habillés de tissus dorés. Dans une pièce située à l'étage supérieur, juste en haut d'un grand escalier, était installé un puissant projecteur. Pêle-mêle, laissées négligemment sur le plancher, de vieilles bobines de films gisaient, oubliées ...

Imaginez que vous entrez maintenant dans cette pièce. Vous y êtes seul, libre de toutes vos pensées et actions. Un fauteuil confortable, de bleu vêtu, vous attend. Si vous le choisissez, tout au long des passages de ce livre, vous pourrez vous laissez guider à choisir une bobine, à l'installer et à la visionner.

Sans chercher de passages précis, vous permettrez à la pellicule de s'arrêter sur certaines images de votre passé, car toutes ces bobines composent l'ensemble du fil de votre vie actuelle. Certaines disposent même de plusieurs fils conducteurs, d'outils aussi, afin que votre futur soit sous le signe de votre épanouissement personnel et de l'amour exprimé inconditionnellement autour de vous et en vous.

Et l'abondance est présente... pop corns et anges!!!

Chapitre 1

LA VICTIME

Laissez-moi vous illustrer, à travers le scénario suivant, comment, à notre insu, nous pouvons passer d'un rôle à l'autre: sauveur-victime-bourreau. À noter qu'aucune importance n'est accordée au sexe des personnages; laissez donc votre imagination s'ajuster à votre besoin!

Il est 18h30 et après une lourde journée de travail, une femme rentre fatiguée à la maison. Puisque son conjoint est en congé ce jour-là, elle souhaite secrètement qu'un bon repas l'attende. Sitôt entrée, elle réalise que ce n'est pas le cas. Aucune odeur significative, signalant la manifestation de son désir, ne flotte. Venant vers elle pour la saluer, arrive son conjoint, pantoufles aux pieds et robe de chambre sur le dos. Désappointée que ce dernier ne l'ait pas surprise par un bon repas déjà préparé et ne sachant cacher sa frustration, elle lance froidement d'un ton accusateur:

– Le souper n'est pas prêt!

Aussitôt l'homme, se sentant attaqué, se referme et adopte une attitude de protection:

– C'est ma seule journée de congé et j'ai choisi de me faire plaisir. J'ai pris soin de moi.

L'escalade des mots, jonchée de celle du ton des voix, atteint rapidement une telle démesure que bientôt injures et bouderie sont au menu.

À travers cette guerre de mots nourrissant les maux, un jeune homme monte alors l'escalier menant au sous-sol. L'air engourdi et un peu au ralenti, il intervient dans la discussion:

– Qu'est-ce qui se passe? J'essaie d'étudier dans ma chambre et je vous entends crier. Je suis sûr que si vous preniez deux minutes pour vous calmer et vous serrer dans les bras, ça irait mieux. Voulez-vous que je vous serve une bière?

Il venait à peine de prononcer ces derniers mots que le père, le foudroyant du regard, lui dit:

– De quoi te mêles-tu? À ce que je sache, toi non plus tu n'as pas suggéré de faire le souper. Tu es là pour recevoir...

Et en l'espace d'un instant, les rôles s'interchangent. Ces trois personnages vous présentent le triangle et sa dynamique subtile. Ils sont au centre du triange relationnel: sauveur-victime-bourreau, car ils ignorent le pouvoir de contrôle qu'exerce la force de ce douloureux triangle relationnel sur les êtres.

Pourtant simple, cette figure géométrique porte la capacité électromagnétique de transporter des charges puissantes, autant positives que négatives. Ceci fait partie de la connaissance ancienne que les maîtres possédaient sur la géométrie sacrée.

De plus, le triangle dont il est question dans cette dynamique relationnelle, se nourrit de l'ego des protagonistes. Il prend sa force dans les souffrances anciennes et les mécanismes de protection et de défense qui y sont associés. Il est mis ensuite en action par le mental de chacune des personnes impliquées.

En effet, le mental refuse qu'une personne souffre, c'est-à-dire qu'il refuse qu'une personne revive d'anciennes blessures présentes dans son inconscient alors qu'elle en ignore l'existence.

Analysons maintenant, pour cette mise en scène, le procès des jeux de rôles:

Vis-à-vis son conjoint, la dame a une attente non exprimée qui se traduit par une frustration et une déception à son arrivée. Elle est *victime* et considère son époux, *bourreau*.

Elle ignore que son conjoint, heureux de s'être respecté et d'avoir pris soin de lui ce jour-là, avait choisi de ne pas faire le repas mais d'inviter son épouse et son fils au restaurant. Une surprise, quoi! Il était d'ailleurs à sortir de la douche au moment de l'arrivée de son épouse. Il s'attendait à être accueilli tel qu'il est.

À son tour, il devient la *victime* des propos de son épouse, celle-ci devenant pour lui, le *bourreau*. Tour à tour, dans l'escalade de la discussion enflammée, ils passeront de *victime* à *bourreau*.

Arrive le *sauveur*, ce jeune homme voulant calmer la tempête entre ses parents. Son attente est de réconcilier son père et sa mère afin de se sécuriser et se sentir aimé. À son tour, il devient la *victime* de son père, ce dernier devenant son *bourreau* à ses yeux. Je parie qu'en continuant le scénario, il endossera, tour à tour, les costumes sauveur-victime-bourreau, selon la teneur de la discussion, le jeu subtil de contrôle, de protection... dans la dynamique relationnelle entre ces trois personnes.

Belle soirée gâchée!

Combien de fois nous arrive-t-il de vivre cette transposition de rôles dans la vie de tous les jours? C'est une somme d'énergie bien grande dont nous nous privons alors. Il serait, certes, plus avantageux de mettre cette énergie à notre propre service. Être davantage informé et conscient de la présence et de l'impact des aspects sauveur-victime-bourreau au cœur de notre vie, se veut une manière positive d'améliorer notre mieux-être et de favoriser notre équilibre personnel.

Ce n'était qu'un simple scénario choisi pour vous illustrer mes propos. Vous avez peut-être souri, froncé les sourcils ou réagi autrement à cet épisode de vie, mais derrière mes mots, laissez vos maux et vos propres scénarios revenir à votre esprit, sans vous juger ni juger autrui. Ainsi vous aurez déjà un peu de matériel pour le travail de conscience auquel vous invite mon enseignement.

Si vous ne vous sentez pas touché, pas de problème! Continuez la lecture. Votre esprit, à son rythme, s'allégera du mental contrôlant. Le passage vers l'inconscient se fera doucement, afin qu'enrichi d'une plus grande connaissance de vous-même, vous puissiez de plus en plus choisir et avoir accès à l'état du bonheur.

Définir la victime

Le Petit Larousse Illustré définit ainsi la victime: «personne ou groupe qui souffre de l'hostilité de quelqu'un, de ses propres agissements, des évènements.».

Nous avons déjà ici une imposante matière à explorer, n'est-ce pas?

Je pourrais ajouter que la victime est privée, à plus ou moins long terme, de son pouvoir intérieur, en raison des causes extérieures et/ou intérieures.

Soit dit en passant, cette définition n'exclut pas la victime au sens plus connu du terme. Cependant la victime dont je parle ici est particulièrement celle qui ignore souvent qu'elle est victime, d'elle-même surtout. Et par cette attitude intérieure non conscientisée et/ou non résolue, elle se place en situation, naturellement, pour nourrir cet aspect souffrant d'elle-même.

Je considère ici important de faire un bref rappel de la structure et de la dynamique énergétiques de la personne humaine, de son alchimie traitée le plus simplement possible pour les besoins actuels. Nous sommes plutôt habitués à accepter comme existant ce que nous pouvons percevoir concrètement avec nos sens. Alors, pour certains, il s'avère illusoire de croire en la pensée magique et créatrice, en la visualisation, à l'espace invisible qui nous entoure et encore plus aux êtres invisibles qui en font partie. Chacun a ses croyances et est libre de partager ou non les miennes.

Avez-vous remarqué comment il est facile et même agréable de se trouver dès une première rencontre en présence d'une personne *sur la même longueur d'ondes que nous*, et cela malgré le fait que celle-ci nous soit totalement inconnue?

D'autre part, il est intéressant d'observer le malaise parfois ressenti auprès de certaines autres gens connues ou non. Amusez-vous aussi à remarquer les mécanismes de protection, le degré de fermeture de chacun lorsque cette rencontre déclenche en soi un besoin immédiat de se protéger, de se retirer, etc.

En l'observant d'un peu plus près, posons-nous cette question: quelle est l'origine de ce phénomène, invisible pourtant, mais loin de nous laisser indifférents?

En fait, c'est assez simple. Comme je l'ai déjà mentionné dans mes ouvrages précédents, nous sommes énergie. Certes, nous faisons partie du Tout de la Création et à ce titre, nous sommes donc constamment en interrelation avec tout ce qui vit.

Nous sommes énergie dont la masse solide est de densité différente de celle de l'eau, de l'espace, de la pensée même. À la base, nous sommes constitués de cellules, elles-mêmes constituées de molécules, elles-mêmes constituées d'atomes. Chaque atome est à son tour composé de protons, de neutrons et d'électrons qui ont comme particularité de porter certaines charges.

Selon différentes conditions variables du rapport entre les éléments ci-haut cités, une connexion s'établit. En fonction de la fréquence vibratoire de la lumière, appelée aussi énergie et qui sert à les véhiculer, je dis ceci:

Si la vitesse de circulation de l'énergie est plus grande, il y a composition d'une structure plus éthérée, alors que lorsque la vitesse de circulation de l'énergie est plus lente, il y a alors composition d'une matière plus dense et lourde.

À noter que le son est aussi un véhicule et que la fréquence vibratoire qui l'anime contribue à transformer nos états de conscience en agissant dans notre champ énergétique. J'y reviendrai ultérieurement.

Poursuivons.

Donc, plus la fréquence, c'est-à-dire la vitesse à laquelle circule la lumière entre les parties, est élevée, plus le taux vibratoire d'une structure est haut, et vice-versa. Par conséquent, l'énergie diffusée par ce champ énergétique sera d'un niveau supérieur.

En choisissant d'apprendre comment permettre à une plus grande quantité d'énergie et de lumière de circuler dans ma structure invisible, j'augmente mon taux vibratoire. Il est ainsi plus facile pour moi d'atteindre l'état d'amour, de bonheur, de paix.

Les gens qui entrent en contact avec une personne ou un lieu dont le taux vibratoire est plus haut, ont souvent comme observation de se sentir bien et apaisés.

Toutefois, si une personne souffre consciemment ou non, si elle n'est pas en harmonie avec elle-même, si elle vit la colère, la peur, le doute, le contrôle, il est possible alors que la rencontre entre cette personne et un être dont le taux vibratoire est supérieur, provoque des réactions de retrait, de jugement et de peur inconsciente.

Les états de souffrance abaissent le taux vibratoire du champ électromagnétique d'une personne. La lumière dégagée du rayonnement de l'autre individu agit alors comme un agent agresseur.

De la même manière, la rencontre d'une personne souffrante, autoritaire, dont la conscience est limitée, peut déranger une autre personne qui aspire à la paix, à une conscience plus ouverte et à l'équilibre. Son champ énergétique personnel étant plus nourri d'amour car:

ÉNERGIE + LUMIÈRE = AMOUR

Me suivez-vous? Continuons...

Autour de notre corps physique se trouve une structure invisible dans laquelle prend place différents corps subtils: éthérique, émotionnel, mental etc., ainsi qu'un *réseau de filage*, chakras et autres, permettant à l'énergie cosmique et vitale de circuler en nous. Ce qui est appelé *aura*, visible pour certains, n'est en fait qu'une partie du champ énergétique. Je l'appelle *bulle* ou *œuf de lumière* pour l'image.

Selon les états que nous vivons, par exemple celui de la victime, nous dégageons dans notre rayonnement périphérique un taux vibratoire qui émet sur la fréquence de notre souffrance, la fréquence de victime. Comme un signal envoyé, ce message sera lu *alchimiquement*, et souvent à notre insu, par la plupart de ceux que nous côtoyerons.

Selon le degré de sensibilité, variable pour chaque être humain placé en état de réceptivité ou de lecture, une personne ressentira, à un degré différent, un malaise ou un bien-être en présence de l'autre, en relation avec ses états intérieurs et ses émotions.

En effet, par un phénomène magnétique, nous attirons à nous ce qui vibre dans une fréquence similaire à nos états intérieurs et à nos pensées. Nous favorisons même l'éclosion d'expériences associées à notre portrait intérieur. Eh oui!

Il est donc avantageux de devenir conscient de nos pensées et de connaître ce qu'on veut au lieu de ce qu'on ne veut pas. Lorsqu'on souffre, notre taux vibratoire s'abaisse, l'énergie circule moins librement puis elle diminue. Il s'installe une sensation de fatigue ou de malaise.

Dans le premier chapitre de *Passeport pour l'équilibre*, je développe davantage ce sujet, le rendant accessible à tous, le plus simplement possible.

Il y a de bons ouvrages de références sur l'alchimie. C'est vraiment enrichissant d'en découvrir davantage sur le sujet, pour ceux qui en auraient envie. Dans mes écrits, cependant, je tiens particulièrement à apporter un support simplifié, facilitant la compréhension de mon enseignement. Je juge non opportun d'approfondir ici cette discipline, espérant vous faciliter néanmoins, par mes propos, l'accès à l'essence du message que je souhaite vous transmettre.

On dit souvent: *Un malheur n'arrive jamais seul.*

Il est clair que lorsque je souffre, j'attire à moi des expériences de souffrance. Pourquoi?

La personne qui souffre émet des signaux correspondant à ses émotions et à ses blessures. Ce sont des appels de même niveau vibratoire. Ces signaux seront captés par des personnes, porteuses dans leur structure personnelle d'une alchimie semblable et complémentaire, ainsi que porteuses d'aspects de leur personnalité en correspondance avec le même diapason que la personne souffrante et émettrice.

Par le phénomène de *l'éponge*, la personne qui capte ces signaux risque d'absorber inconsciemment des charges négatives ne lui appartenant pas, et/ou d'être attirée vers une expérience en relation avec les blessures mutuelles de chacune de ces personnes. L'ignorance de cette dynamique peut être lourde de conséquences.

Dans l'univers, autour de la Terre et dans notre environnement immédiat, circulent ce qu'on appelle des formes pensées.

La pensée est énergie, rappelez-vous. Chacune de nos pensées, qu'elle soit consciente ou non, prend forme dans l'univers. Celles-ci se concentrent et des agglomérations positives et négatives se créent. Ainsi, elles engendrent et nourrissent ce qu'on appelle *l'inconscient collectif*. Nous sommes influencés par celui-ci; plusieurs de nos attitudes, de nos valeurs et de nos croyances sont grassement entretenues par l'inconscient ou l'ego collectif. De plus, il agit sur nos émotions et nos expériences. Il nourrit la peur ou l'amour.

Vous connaissez tous les différences culturelles, les idéologies traduisant les modes de pensées d'un peuple. Par exemple, au Tibet, l'aspect religieux et sacré permet d'élever davantage le taux vibratoire du peuple. L'inconscient collectif dans cet espace planétaire est ainsi davantage sous le signe de la foi et de l'amour. Donc, même si le peuple tibétain est dominé par la force chinoise qui souhaite lui imposer sa vision et ses valeurs, les Tibétains demeurent en état de sérénité et maîtres de leur vie devant ce contrôle. Notons que nous demeurons tous libres d'Être ou pas.

Au Québec, notre ego collectif est plutôt coloré de soif de pouvoir, de jugements, de contrôle. Ainsi, il est plus facile pour nous de *donner notre pouvoir* sans nous en apercevoir et de devenir *victime*, lorsque nous nous croyons en position de *contrôle* de nos émotions par exemple. Attention au piège de l'illusion, car seule la voie du maître en soi conduit à la véritable autonomie et à la liberté.

Lorsque mon champ énergétique personnel vibre à de basses fréquences, j'attire les formes pensées négatives et je nourris la peur, le contrôle etc. Dans le cas contraire, je reçois la force positive qui alimente alors mon énergie vitale, qui m'aide à me libérer des liens de souffrance, qui favorise le mieux-être et j'en passe.

Il est donc important d'être informé au minimum et d'apprendre à mieux se connaître soi-même afin d'éviter de tomber dans les patterns, comme celui de la victime.

Profil de la victime: symptomatologie et diagnostic

Voyons maintenant quel est le portrait type de la victime. Nous avons appris que le triangle relationnel sauveur-victime-bourreau affecte tous et chacun. La plupart d'entre nous l'ignorent tant et aussi longtemps que des expériences difficiles ne les conduisent à lever le voile sur leur souffrance et à découvrir comment ils jouent leurs divers rôles (sauveur-victime-bourreau) au quotidien.

En chaque personne, habite une tendance plus marquée vers l'un de ces trois aspects.

À nous de la découvrir...

De plus, comme nous nous promenons d'un rôle à l'autre, il peut arriver qu'un de ces rôles nourrisse un autre aspect de notre personnalité, pour compenser ou survivre.

Quel est donc le profil de la victime? N'oublions pas qu'avant que nous en prenions conscience, ces aspects nous dominent en silence! Dans l'énoncé qui suit, nul besoin de vous reconnaître en chaque point. Cependant, osez être vrai avec vous-même et questionnez-vous. Vous pouvez prendre des notes, ainsi vous aurez déjà du matériel lorsque vous choisirez de... sortir du rôle de la victime!

Nous sommes tour à tour victimes et soumis à cette emprise, jusqu'à ce que nous décidions de l'identifier et de commencer à l'observer. Voici des indices pour reconnaître la victime...

Victime de quoi, de qui? De soi, surtout.

Là où il y a une victime, il y a un *manque*. La personne, consciemment ou non, ressent ce *manque* associé le plus souvent à des blessures rencontrées plus tôt dans l'incarnation, en bas âge et par la suite. Il s'agit même parfois de séquelles karmiques. Croyances, concepts, illusions, attentes cachées ou non exprimées sont d'autres assises sur lesquelles reposent les attitudes et les comportements de la victime.

Nombreux peuvent être les *manques*. Notons particulièrement les suivants: manque de temps, d'argent, d'écoute, de reconnaissance, de liberté, de choix, d'intelligence, de mémoire, de ressources, de tendresse, de sexe, de confiance, de courage, de volonté, de motivation, d'intérêt, de travail, d'amour, d'attention, de santé et de paix.

La victime souffre souvent du *pas assez* et du *trop de ci et/ou cela*. Lorsqu'elle prend le temps de s'auto-analyser, seule avec elle même, elle s'avoue peu confiante et, nonobstant le fait qu'elle peut s'attribuer une certaine forme de compétence et de reconnaissance dans un rôle professionnel, social, familial, il suffit de peu de bouleversements pour remettre en question la qualité de son travail et l'estime qu'elle a d'elle-même. Le doute est vite présent.

Le sentiment de devoir en faire beaucoup ou plus est aussi souvent présent. Le besoin de contrôler, souvent aveuglé par les *je veux bien faire et aimer*, et l'incapacité de lâcher prise maintiennent prisonnier de soi.

La victime est souvent jugée *parfaite* ou tend à l'être. C'est sa façon *acceptable* mais inconsciente de chercher la reconnaissance à l'extérieur, étant absente à elle-même intérieurement.

Le *faire* est très important. La victime peut perdre un temps précieux à répéter ou à recommencer le même travail. Naturellement, si elle est exigeante pour elle-même, elle l'est pour les autres également. Lentement, elle brime l'espace d'autrui, ce qui tue la joie du *faire* parfois. Un travail sur soi est souhaité pour acquérir souplesse et lâcher prise.

Pour la victime, la critique est difficilement acceptable. Elle est implicitement perçue comme une attaque, une menace à la reconnaissance qu'on lui accorde. La critique risque de diminuer l'amour venant par cette voie extérieure à soi. Affaiblie dans son estime, la victime réagira par la peur, les pleurs, la bouderie, la colère, l'indifférence...

La victime juge et critique elle-même et les autres, cherchant parfois à abaisser l'autre subtilement afin de se prouver qu'elle existe, qu'elle est aimable, qu'elle vaut quelque chose alors qu'au fond elle n'y croit pas.

Elle peut se percevoir non importante, non reconnue aux yeux des autres, ne s'accordant pas une valeur bien grande.

Elle pourra user de la manipulation sous maintes formes : par le retrait, l'indifférence, la maladie, les plaintes, les pleurs, le chantage, les élans de tendresse, le charme, le mensonge et les accusations.

Elle a recours au *dumping*, confidences parfois intentionnelles et chargées de négatif. Elle n'est pas à l'écoute de la personne désirant lui apporter support et soutien.

Lorsqu'on parle d'elle, on dira souvent *pauvre un tel ou une telle*! Ses propos sont parfois négatifs, voire même destructeurs, surtout dans les passages difficiles.

La victime se cache souvent derrière un masque ou une armure de personne forte, mais le clown est triste.

La victime est fragile, sensible, vulnérable. Comme ces états sont dévalorisés en société, particulièrement chez les hommes, la victime se crée une armure pour *survivre* dans un monde où l'assurance et la force sont valorisées.

La victime parle souvent au passé. Elle éprouve de la difficulté à pardonner. Elle garde des liens non coupés avec la souffrance antérieure. Il lui arrive de rejeter et de refuser de pardonner. Elle conserve alors la charge négative de la rancœur et refuse, consciemment ou non, de sortir de son drame.

Ce qui lui arrive est cent fois pire que les autres. En effet, à cause de sa structure énergétique, elle crée et attire des expériences de souffrance lui donnant raison de se plaindre.

C'est un cercle vicieux. N'ayant pas une vision claire des dessous de sa personnalité, la personne victime peut même se saboter, c'est-à-dire que si tout va bien, elle peut involontairement créer des situations de conflits, de pertes ou autres pour se donner raison d'être victime.

Elle se dit incomprise, mal aimée. Ceci est son propre miroir, mais elle l'ignore. Elle attire donc dans sa vie, des événements et des personnages pour lui donner raison.

Ignorante de sa limite, de sa difficulté à recevoir l'amour, la victime ne se sent pas aimée. Elle se plaint d'être seule et abandonnée et tente de contrôler, à son insu le plus souvent, l'amour qu'on lui porte. Malgré tout, elle a peur de perdre cet amour et conséquemment, elle développe la méfiance. Le peu de confiance qu'elle a en elle-même déclenche sa jalousie dans des conditions qu'elle juge *à risque de perdre*.

La victime peut être financièrement très indépendante mais n'est pas pour autant autonome. En effet, l'autonomie véritable n'est pas associée à l'*avoir* ni au *faire*. Elle se définit plutôt comme la capacité à exercer la maîtrise sur sa propre vie et non à chercher à la contrôler. La victime dépend donc souvent de l'opinion, du jugement et de l'approbation des autres. Elle croit être heureuse si ceux qui sont importants à ses yeux le sont. Nombreuses sont les victimes qui développent des dépendances affectives, à l'alcool, aux substances diverses, au jeu et à d'autres dépendances plus subtiles comme la télévision, l'ordinateur, le sucre etc, pour compenser un ou des *manques* silencieux mais *contrôlants*.

La victime s'engage dans de lourdes charges de responsabilités, cherchant à son insu à prouver qu'elle est digne de confiance, qu'elle vaut quelque chose. Elle espère, secrètement, être ainsi aimée. Responsable à l'extérieur, elle ne se voit ni se sent responsable de ses pensées, de ses émotions, de ses réactions. Elle accuse facilement et cherche des coupables. La responsabilité de soi lui fait peur, car elle ne se sent pas à la hauteur du maître en elle.

La personne victime nourrit souvent de l'attachement aux choses et aux gens. N'arrivant pas à s'aimer suffisamment, elle s'accroche à recevoir l'amour des gens qu'elle aime et peut même identifier sa valeur à ceux-ci, à leur réussite et au matériel. Elle peut aussi devenir victime de ses propres ambitions en fonction de son déséquilibre personnel. Il y a des risques que cet amour soit conditionnel, que la satisfaction éphémère des désirs assouvis s'efface derrière l'ombre des tempêtes, des conflits et qu'elle remette ainsi en question la dynamique relationnelle auprès de son entourage.

Le *paraître* peut aussi être un élément important dans la vie d'une victime. S'il ne l'est pas sur elle (par exemple dans sa tenue vestimentaire, son apparence ou ses biens), il pourra se manifester dans l'importance démesurée qu'elle accorde à l'entretien ménager, à la réussite scolaire des enfants, à celle du conjoint... Elle trouve ainsi sa reconnaissance et sa valeur dans ces attributs passagers et artificiels en cette vie. La peur d'être jugée ou ridiculisée amène parfois à des excès de fatigue; elle en fait beaucoup ou trop pour s'assurer un contrôle des situations.

La victime utilise aussi le contrôle, l'autorité et la discipline pour palier à son manque de reconnaissance. Elle peut occuper des fonctions de direction et avoir des responsabilités importantes. Elle peut même exceller dans de telles fonctions, car c'est une performante. Si elle ne dirige pas *officiellement*, elle exercera son leadership plus subtilement. Se sentant lésée dans un domaine, elle tentera d'exercer le contrôle sur elle-même et/ou sur autrui pour survivre.

Elle n'aime pas beaucoup déléguer. Elle préfère effectuer tout elle-même, soit pour en retirer la reconnaissance ou par peur d'être réprimandée si le travail ne répond pas aux attentes.

La victime peut aussi être soumise, incapable de reconnaître ses émotions, d'exprimer ses choix. La peur, inconsciente ou identifiée, nourrit la confusion. De cette façon, la victime a du mal à choisir pour elle-même, à identifier ses limites. Si elle y arrive, elle éprouve de la difficulté à les respecter et encore plus à les faire respecter. À un niveau ou l'autre, elle ne se respecte pas et se plaint fréquemment de ne pas l'être. N'y a-t-il pas ici un miroir à contempler pour se connaître mieux?

Elle va se taire pour acheter la paix, se cacher derrière les propos des autres membres de la famille ou des amis. Si elle est victime de violence, elle garde le silence, pleure ou devient en colère pour se prouver qu'elle existe, mais au fond elle n'y croit pas vraiment. Son estime personnelle est faible. Cette souffrance peut atteindre graduellement le corps physique et provoquer des inconforts, des malaises, des ennuis de santé: anorexie, boulimie, crises d'angoisse, asthme, problèmes digestifs, problèmes cardiaques, problèmes intestinaux, hyperventilation, insomnie, cauchemars, lombalgie, torticolis, vaginites...

La personne victime peut aussi se placer en situation de pertes, de rejet et d'abandon. C'est une personne qui se sent insécure et qui a besoin, inconsciemment, de justifier son insécurité pour recevoir de l'attention, pour exister.

Dans de nombreux cas, elle pourra avoir de la difficulté à trouver ou à conserver un emploi, car elle ne s'estime pas à la hauteur des attentes. Elle a besoin d'être rassurée.

La victime ne se donne pas le droit d'être, d'avoir ou de faire. Elle se maintient, selon les circonstances, volontairement en situation de *victime*. Cela constitue pour elle une source pour *recevoir de l'attention*. Cela peut même, inconsciemment, aller jusqu'à autoriser la violence verbale et/ou physique à son endroit, pour se prouver à son insu qu'elle existe. La victime s'autodétruit graduellement de cette façon et risque aussi de nuire sérieusement à sa santé ainsi qu'à sa famille.

La grande blessure de la victime se situe au niveau du pouvoir. J'y reviendrai plus loin.

La victime a tendance à dramatiser. Ce qu'il lui arrive est au-delà du commun. N'ayant pas la maîtrise de ses émotions et ayant peu d'amour et de confiance en elle-même et en la vie, elle déclenche, par ses émotions, une décharge hormonale puissante qui alimentera sa peur et peut-être suscitera des explosions de colère mal canalisées.

La victime a souvent de la difficulté à s'auto-évaluer et nie sa *victimite* dans un premier temps. Toutefois, l'accueil de cet aspect présent en elle-même et de la place qu'il occupe réellement, deviendra de plus en plus présent à l'esprit de cette personne. Selon les circonstances, le support recherché et accepté permettra une transformation graduelle. En prenant conscience des aspects négatifs en soi, déjà leur emprise, exercée silencieusement, diminue.

D'où origine l'aspect de victime?

Ce qui m'a amenée à écrire sur ce sujet, c'est que j'ai découvert un jour la place considérable que *la victime* avait occupée dans ma vie. Au tournant de la quarantaine et suite à une série d'aventures plutôt difficiles et douloureuses, je me suis tournée vers la recherche de solutions afin de m'aider à retrouver le goût de vivre et d'avancer.

Je me suis vite aperçue que je n'étais pas tout à fait la personne que je croyais être. Bien des aspects de moi avaient été créés et nourris par le besoin de me protéger... de moi. J'étais mon pire ennemi, mon plus grand juge.

J'avoue que j'ai trouvé un peu ardu le début de ce nouveau chemin de connaissance sur moi-même. Cependant, poussée par le besoin de respirer et de me sentir libre, j'ai choisi de continuer d'avancer en cette quête de moi-même, avec l'aide des ressources venues sur ma route. Je voulais lever les voiles de ma souffrance pour découvrir ma véritable identité.

Je me rappelle très bien ma réaction lorsque j'ai découvert qu'il y avait en moi de la colère refoulée. Je me souviens, au cours de mes séances de thérapie, comment le mot *abandon* a déchiré le voile de mes illusions. Je me souviens combien je me sentais petite et confuse. Je me souviens...!

Je remercie le ciel et je me remercie de m'être donnée le droit de retrouver l'être que je suis au fond de moi.

Et depuis, cette route de découvertes parfois mystérieuses, ne cesse de me montrer des paysages différents:

Là où je ne voyais que désordre et poussière, s'installe la clarté.

Là où je ne voyais que tromperie et mensonges, je découvre authenticité et respect.

Là où je ne voyais que manque d'amour et injustice, coule la rivière de la paix.

Là où je voyais la victime, grandit à présent le maître. Là où je pleurais, pousse la joie d'Être.

C'est jour après jour, parfois heure après heure, dans les passages plus difficiles, que je choisis à nouveau de poursuivre l'apprentissage de l'amour. Pour appuyer mes dires je n'ai que mon âme, mes expériences et mes mots.

Je sais qu'il n'est pas évident de reconnaître, encore moins d'accepter, certaines facettes plus sombres de soi.

Pour guérir la peur, je ne connais pas d'autres moyens que d'y faire face.

Pour découvrir la beauté, je ne connais pas d'autres moyens que d'enlever ce qui peut la masquer.

Le hasard n'existe pas et il est à parier que si ce livre a retenu votre attention, c'est qu'il a un message pour vous. Ouvrez votre cœur, faites-vous le cadeau d'une renaissance à vous-même, dans la vision de votre cœur.

Offrez-vous une fleur, choyez-vous. Vous êtes aux frontières d'un passage nouveau au bout duquel une porte dorée s'ouvrira à vous, sur un soleil nouveau. Un pas de plus...

Cette recherche, effectuée au départ pour moi-même, m'a menée à explorer aussi des connaissances nouvelles qui m'ont aidée à comprendre mieux l'espèce humaine. Je suis toujours intéressée par tout ce qui touche les aspects de l'âme, de l'esprit et du corps et par *comment* l'univers anime la vie.

Pour expliquer les origines de l'aspect victime en soi, je vous fais part ici de ma quête personnelle et de certaines conclusions que j'en ai tirées. Je n'ai pas du tout la prétention de détenir *la* vérité; c'est une partie de ma vérité que je vous partage et certaines confidences *secrètes* de ma propre victime que je vous confie.

Globalement, une constante revient dans tous les cas de *victimite* que j'ai rencontrés au cours de mes consultations. C'est la difficulté pour la personne de reprendre contact avec son pouvoir intérieur, son pouvoir personnel.

Un bref rappel: pour arriver à circuler en nous, pour nous nourrir, l'énergie passe par un canal central longeant la colonne vertébrale, une sorte de tuyau qui prend place en nous. Il s'ouvre au sommet de la tête dans la partie du chakra coronal pour recevoir l'énergie des plans supérieurs. À sa base, situé dans la région coccygienne, il s'ouvre au niveau du périnée pour recevoir l'énergie de la Terre.

La fusion en nous de l'énergie céleste et de l'énergie terrestre favorise notre mieux-être et notre équilibre sur tous les plans.

Lorsque pour diverses raisons, il y a blocage au passage de l'énergie dans la partie inférieure de notre corps allant jusqu'au cœur, il y a un manque d'ancrage.

Or, le chakra du pouvoir appelé *hara* se situe dans cette région, plus précisément à environ deux doigts sous l'ombilic. Mal nourri d'énergie, bloqué par des souffrances cristallisées (se référer à mon ouvrage: *Passeport pour l'équilibre*), ce chakra ne permet pas l'accès à l'énergie du pouvoir de choisir. Ainsi, la personne vit des émotions favorisant un déséquilibre au lieu de bénéficier d'un meilleur enracinement.

Pour tous, il est suggéré de choisir, de *rechoisir* au besoin l'incarnation, notre présence sur Terre, notre manifestation divine sur Terre. Il est important d'être vigilant afin de déceler une diminution d'ancrage.

Je vous reproduis ici un de mes articles. J'y traite de l'importance de l'ancrage et des moyens pour l'améliorer. Ceci supporte la transformation et la guérison de la victime, pour la personne qui choisit cette voie.

Des racines pour mieux-Être

Je vous invite à débuter la saison sur le bon pied, *en vous parlant de l'ancrage, une technique qui permet d'atteindre un meilleur équilibre. Choisir la terre et, comme une fleur, laisser son énergie alimenter notre croissance!*

Cessons les dentelles et les mots feutrés. Parlons de ce qui peut nous faire du bien. En puisant dans la Connaissance, laissons la sagesse ancestrale nous guider et nous enseigner.

Ancrage, enracinement, stabilité émotionnelle... sont des états qui résultent de notre capacité à utiliser sainement l'énergie terrestre pour gérer notre quotidien, pour demeurer calme devant la menace, en paix et maître de soi, au-delà des émotions négatives et des illusions.

Mon expérience personnelle m'a appris qu'ignorer l'importance d'Être bien enraciné constitue une forte lacune à l'éducation, car la déficience d'ancrage mène tôt ou tard à la fatigue et aux déséquilibres, accroît le stress et les tensions. De plus, cela conduit graduellement aux malaises et maladies sans parler des conséquences relationnelles, des séquelles métaboliques et autres formes de souffrance.

Lorsque des situations difficiles grugeaient, à mon insu, mon énergie, c'est inconsciemment que je renforçais mes mécanismes de survie: protection, défense etc. Quelques fois je demeurais victime de mon vécu émotionnel pendant plusieurs jours. J'avalais tout ça, sans en décoder les messages de l'expérience. Au fil du temps, subtilement, ma vie s'alourdit et mes pas devinrent plus pesants. Je manquais d'ancrage!

Pendant plus de quarante ans j'ai travaillé, souvent avec acharnement, courant après le rêve américain et le bonheur.

Un jour la vie s'est chargée de me rappeler à l'ordre, le voile de mes illusions a tombé! Ce fut le début de la quête de ma véritable identité et l'occasion de Renaître, cette fois plus éveillée.

Traiter en profondeur de l'ancrage nécessiterait maintes pages. Je vous transmets des notions de base, souhaitant ainsi éveiller votre curiosité et vous aider à améliorer votre qualité de Vie, que vous soyez en santé ou malade.

Apprendre à célébrer la Vie, ici et maintenant.

Nous possédons tous une structure invisible entourant notre partie charnelle. À l'intérieur de celle-ci un réseau complexe d'éléments assure l'alimentation, la circulation et la diffusion de l'énergie venant des plans céleste et terrestre.

Si la partie inférieure de la structure ne reçoit pas suffisamment d'énergie terrestre, nous basculons et perdons contact avec notre pouvoir intérieur. Nous retirerions avantage à être instruits dès le bas âge de ces connaissances, afin de prévenir les déséquilibres énergétiques et certes la maladie.

Certains symptômes nous alertent d'un manque d'ancrage: concentration difficile, irritabilité, perte d'intérêt, éparpillement, états de rêverie, de victime, douleurs, malaises et accidents répétés aux membres inférieurs, crises de larmes, hypersensibilité émotive, dramatisation, sentiment de se faire avoir, de se faire prendre son pouvoir, difficulté à choisir, besoin de performer, manque de confiance, peur de l'avenir...

Travailler à améliorer notre ancrage diminue peu à peu cette symptomatologie et apaise le besoin de chercher, consciemment ou non, à contrôler. Les expériences deviennent alors des opportunités de se transformer, d'apprendre à devenir maître de notre vie au lieu de vouloir la contrôler.

Quelques suggestions pour améliorer l'ancrage:

- *Réapprendre à respirer...*
- *Reprendre contact avec notre corps physique, l'écouter et en faire un outil de développement personnel.*
- *Devenir conscients de qui nous sommes, de notre identité réelle, de nos vrais besoins.*
- *Être observateur de nos émotions, de nos réactions, comportements, attitudes intérieures, jugements...*
- *Apprendre à lâcher prise au lieu de tout contrôler: soi, autrui, le quotidien, la vie.*
- *Marcher, contacter la nature. Danse africaine, tambours. Massages, exercices énergétiques tels Taï Chi, Chi Qong...*
- *S'hydrater adéquatement et développer des habitudes alimentaires en fonctions de nos besoins essentiels.*
- *Méditer, non pas pour fuir la réalité, mais pour entrer en contact avec notre essence profonde et le co-créateur en soi.*
- *Donner un sens à notre vie, en apprenant à décoder dans nos expériences, faciles et difficiles, les messages contenus afin de cesser de répéter et de nourrir la souffrance.*
- *Avoir toujours un objectif, un but, un rêve à atteindre pour développer notre maîtrise en utilisant notre pouvoir de créer notre vie.*
- *Des trucs comme marcher pieds nus, porter des chaussures à talons bas, s'arrêter à ressentir nos pieds en contact avec le sol, particulièrement lorsque nous sommes en réactions ou devant des situations de fatigue, de stress ou difficiles.*

Devenons autonomes et cessons de puiser à l'extérieur notre énergie vitale. Certains auront le goût d'explorer davantage leur capacité à canaliser l'énergie terrestre. Ils pourront avoir recours à la médecine psycho-énergétique, le channeling, l'analyse des rêves et autres approches similaires qui, pratiqués avec respect et équilibre, aideront à amener à la conscience les blessures et les blocages cachés contre lesquels nous élevons des barrières et construisons armures et masques pour éviter de souffrir.

Les temps changent, nous évoluons tous avec la planète. Une partie croissante de la population ressent un besoin personnel de se tourner vers la spiritualité et les avenues psycho-énergétiques pour Vivre mieux leur quotidien, leurs maladies, réaliser leurs rêves, se réaliser, s'aimer et aimer. L'essayer c'est l'adopter!

Ne pas être en contact avec notre pouvoir intérieur est le plus souvent inconscient. C'est pourquoi beaucoup de souffrances peuvent y être associées et peuvent amplifier ou maintenir un état de soumission à notre ego et à notre mental. Ces derniers ne veulent pas que l'on souffre *contrôle*, nous contraignant d'une certaine manière, à demeurer esclave de nous-mêmes.

Une page de moi

Cet écrit, je désire l'appuyer ici de mon vécu...

Les lecteurs peuvent retrouver, au fil de mon travail littéraire, plusieurs références à des situations réelles qui, au cours de ma vie, ont influencé mes choix et mes comportements. Ainsi, ces fidèles lecteurs apprennent à me connaître progressivement, moi qui, d'un ouvrage à l'autre, laisse tomber les voiles, découvrant mon *je suis*.

Précédemment, je vous disais que lorsqu'une personne n'est pas en contact avec son pouvoir intérieur, elle éprouve des difficultés à choisir en fonction de ses besoins réels. Ses décisions sont souvent influencées par les peurs: ne pas être aimée, ne pas être correcte, ne pas être à la hauteur, être jugée, être rejetée, même l'insécurité affective ou matérielle et les dépendances. Cela crée et nourrit une grande souffrance cachée.

Les blessures de la petite enfance laissent des cicatrices importantes. Elles colorent notre futur lorsque nous ne sommes pas conscients de leur présence en nous. Pour diverses raisons, nous préférons ne pas en entendre parler ou simplement notre vision plutôt rationnelle des choses nous empêche d'élargir la connaissance de nous-mêmes. J'ai longtemps ignoré ma blessure d'abandon et, à mon insu, j'en ai souffert énormément.

Certes, il peut s'écouler une vie, aussi misérable soit-elle, sans qu'une personne n'apprenne, par un travail sur elle-même, à transformer et à libérer sa souffrance. Elle demeure alors prisonnière de son ignorance.

Une grande partie de ma vie a été influencée par le fait de ne pas avoir grandie dans ma famille, auprès de mes parents, frères et sœurs.

Les séquelles du ressenti d'abandon et de la non reconnaissance me poussèrent à développer un besoin de plaire, de ne pas contrarier les autres, de ne pas déranger, d'éviter d'affirmer mes opinions, de ne pas prendre ma place, de ne pas m'exprimer même. Tout cela pour conserver l'estime, l'amour des autres, pour bien paraître, être acceptée, être appréciée, être reconnue.

Chez la victime, les blessures reliées au dysfonctionnement du hara, le chakra du pouvoir, sont souvent très profondes. Les attitudes et les comportements en sont les reflets.

Les relations avec les autres, femmes ou hommes, en sont teintées.

Ainsi, je suis entrée naïvement dans mon adolescence, dans l'insécurité et le silence. J'ai appris plus tard à *faire le clown*, à amuser mes copains et à entretenir des conversations animées pour me sentir importante.

Vers l'âge de quinze ans, j'ai connu mes premiers balbutiements du cœur. Un peu maladroite et peu expressive, j'en retirais des moments agréables mais aussi des attentes non comblées, des *non-dits*, des déceptions parfois. Cependant, je garde des souvenirs positifs de ces expériences.

Peu de temps après, les personnes qui avaient pris soin de moi depuis le troisième jour de ma naissance, vendirent leur demeure. Ils étaient âgés et fatigués d'entretenir une maison. Ils choisirent donc une pension pour moi, chez un couple retraité. Je n'y ressentis pas de chaleur ni d'affection. J'étais, pensais-je, la petite pensionnaire, étudiante de niveau secondaire et fort disciplinée. À quelques occasions, j'ai dû faire face aux agissements osés de celui qui m'hébergeait. Ce dernier se promenait en sous-vêtements devant moi et me démontrait son désir charnel. Gênée et humiliée, je le fuyais et l'évitais, ne sachant comment exprimer ma peur et ma colère.

Quelques mois plus tard, je quittai cette pension pour une autre. Cette fois, l'expérience fut très positive.

L'année suivante, j'entrais à l'École des gardes-malades auxiliaires. Ce furent mes premiers pas dans le domaine de la santé. Ils éveillèrent en moi la grande joie de la pratique infirmière et me conduisirent plus tard aux études et diplômes me donnant l'opportunité d'assumer des responsabilités en tant que directrice des soins infirmiers. Résidant à la pension de l'hôpital, je fis la rencontre d'un jeune garçon avec lequel s'établit une complicité dès le premier instant. Le temps passant, il devint civilement mon époux. J'avais 19 ans. J'ai glissé dans cette relation, me sentant importante à ses yeux et aimée.

J'avais tracé au fond de moi une vision du mariage et de la vie à deux. Quelques mois passèrent, ce fut vite la désillusion. Nouvellement graduée, j'en étais aux prémisses de mon expérience; lui, il était souvent parti à l'extérieur pour son travail.

Le sentiment d'abandon perçu durant le début de ma vie, avait ouvert la porte de l'insécurité face à l'amour et à la vie. J'eus peur de le perdre, je me sentais seule, déçue et frustrée. J'acceptais la situation, victime de ma dépendance affective alors invisible à mes yeux. Plus tard, je fus trahie. Mes principes n'adhéraient pas à ce type de comportement, mes attentes non plus. Après des tentatives pour *oublier, recoudre la déchirure* et continuer la vie de couple, nous avons terminé la relation en nous séparant. Ma blessure d'abandon refit surface, béante!

Voulant ensuite m'éloigner de cette souffrance, je crus la masquer en choisissant un travail nouveau qui me permettait d'exercer ma profession dans un environnement différent. Je cherchais à oublier pour faciliter ma guérison et ne plus sentir la souffrance. Je m'étais aussi remise en question. J'endossais même une partie des blâmes, pour justifier cet échec. Avais-je été *correcte* et à la hauteur de mon rôle d'épouse? J'ai crié à l'injustice!

Je partis donc vers cette étape nouvelle de ma vie, le cœur blessé, victime silencieuse en moi. Inconsciemment, pour ne plus perdre, je me suis dit que je serais encore plus compréhensive, dévouée et à l'écoute une prochaine fois. Je serais davantage *parfaite* dans mon *faire* et ainsi, je risquerais moins d'être abandonnée. Existait-il une recette secrète pour le bonheur? Ce dialogue avec moi-même me servit de soupape pour ventiler et alléger mon quotidien.

Je n'avais pas remarqué ma dépendance affective. Je traînais toujours ce grand besoin de me sentir aimée, appréciée, importante pour quelqu'un. J'ignorais alors comment y répondre pour moi, en moi et à travers moi. Comment m'aimer et apprendre à aimer? La vie continuait son cours. Inconsciente de l'emprise que l'énergie de la victime maintenait sur moi, j'entrais, plus d'une année plus tard, dans une nouvelle relation. J'en espérais le meilleur, croyant avoir traversé le pire.

Sans me connaître davantage et ayant conservé les mêmes lunettes pour voir la vie à deux, je m'engageais avec passion dans l'expérience.

Celle-ci me paraissait différente et empreinte de simplicité. Les attaches furent vite créées; cependant, je construisis les assises de cette relation dans le berceau de mes illusions encore une fois.

Je n'avais pas décodé ni compris l'apprentissage de mon vécu relationnel précédent. Je ne pouvais donc pas posé un regard clair ni sur moi ni sur ma relation ancienne. Je n'en avais pas libéré la charge négative. Comme un sac à dos rempli, je la traînais donc en entrant, innocemment et inconsciemment, dans cette dynamique relationnelle, presque prête à tout pour vivre cet amour.

Cette école de vie à deux dura six ans. L'escalade de blessures s'installa subtilement et mina graduellement l'amour et mon énergie vitale. L'aspect victime au plan émotionnel se renforça jusqu'à atteindre les plans mental et physique. J'ai rencontré durant cette période maints problèmes de santé, mineurs ou sérieux.

Pour conserver l'amour, je me coupai de plus en plus de mes propres besoins réels et de mon ancrage, développant la peur et une difficulté croissante à choisir pour moi. Je vivais la dualité entre moi et l'autre s'en m'en rendre compte. Comme le feu ravage la forêt, cette bataille interne détruisait mon estime et ma confiance. Nous détruisait... Qu'étais-je devenue? Qui étais-je? Même si ces questions se présentaient à moi, je refusais maladroitement de m'y arrêter. Je me disais que la vie devait être ainsi et que continuer était ma voie.

J'aimais faire plaisir. J'éprouvais le besoin d'aider, de sauver, d'en faire davantage et d'être encore plus aimable et parfaite pour me sentir aimée, utile, pour éviter de perdre l'amour de mon conjoint ou d'autrui. Je vivais naturellement et avec sincérité. D'une certaine manière, je me considérais heureuse et je pus, pour un moment, me sentir confortable dans cette situation. J'étais engourdie et j'avais peur de l'inconnu.

Pendant que ces comportements et ces attitudes germaient et croissaient en moi, des problèmes de consommation apparurent parallèlement chez mon conjoint. En réaction, je tentai de contrôler sa consommation, mais n'obtint que l'effet contraire: son besoin s'intensifia!

Je continuais donc à chercher à répondre aux besoins, à m'occuper! À mes yeux, cela justifiait ma présence auprès de cet homme. Était-ce ça l'amour? J'essayais vainement de contrer ma souffrance qui s'amplifiait, par un seuil élevé de rendement au travail, par une grande disponibilité à apporter support et soutien. Je cuisinais pour m'amuser et je répondais aux différents mandats de mes jeux de rôle.

Mon chakra du hara fonctionnait au ralenti à cause de ma blessure d'abandon. En effet, je ne m'étais point sentie voulue ni accueillie sur cette Terre dès ma naissance. Ces expériences n'avaient su que diminuer davantage mon contact avec mon pouvoir intérieur. Je me demandais quelquefois ce que j'étais venue faire sur cette planète et quel était le sens de ce qu'il m'arrivait? La couleur de mon âme était plutôt triste qu'ensoleillée. J'avais toujours réussi à me cacher cette vérité. Je taquinais, mais le clown était triste parfois! Si j'arrivais à maintenir la tête hors de l'eau, c'est qu'une force profonde en moi, appelée courage, m'aidait.

Pour plusieurs personnes, j'étais identifiée comme victime. *Pauvre Dolores*! Certains cherchaient à me protéger, à m'envelopper. Dans le tableau de plus en plus sombre de ma vie, ces manifestations de tendresse nourrissaient le fil entre mon âme et la Terre. Ma gratitude va à ceux qui en furent le canal. Je bossais fort au travail, en amour, en famille et en société. J'étais une organisatrice. J'aimais m'impliquer pour aider. Mes décisions étaient souvent plus impulsives que méditées. Je ne connaissais pas la sagesse du lâcher prise.

Un matin, le fossé se creusant entre nous, la violence verbale s'installa. Une période lourde, loin du lâcher prise et de la souplesse, venait de s'enclencher.

J'avais encore peur de perdre l'amour et ce que je... nous avions construit. J'avais peur de cet homme, de ce qu'il était devenu. J'avais peur de moi, de mes réactions, de mes choix.

Le ton élevé et sec d'une voix avait su me dominer depuis l'enfance, agissant sur moi avec pouvoir, maintenant une forme d'autorité. J'étais de plus en plus paralysée inexplicablement. Aujourd'hui, je sais que j'avais peur de mourir. Les mots devenaient des menaces et me tenaient en laisse.

Pourtant, lorsque la tempête s'apaisait, je regagnais le rang, j'acceptais les excuses comme une approbation de la part de l'autre *à me garder*. Où étaient ma dignité et le respect de moi-même? *J'étais aimée*! Quelqu'un partageait ma vie, je n'étais pas seule. J'étais la victime et on me consolait. Mes amis m'entouraient. C'était une façon de me sentir aimée et importante pour quelqu'un, mais quel prix à payer!

Un jour, le tonnerre gronda plus fort qu'à l'habitude. Les bras retenus, c'est avec l'aide d'une force presque surnaturelle que je me dégageai. Je sentis mon regard devenir de feu. L'étincelle de Vie venait de s'allumer en moi, c'était une arme absolue.

Ce jour-là, je sus que je le quitterais. Je ne lui voulais pas de mal, mais j'avais peur des conséquences de ces agissements, autant pour lui que pour moi et pour l'enfant qui était né de notre couple. Cet enfant était aussi l'une des raisons pour lesquelles j'étais restée. Je refusais de l'éloigner de son père. J'avais cette croyance qu'une famille c'est obligatoirement un père, une mère, un enfant. Dieu qu'il était déchirant de voir la personne qu'on aime se briser, de voir les rêves basculer, de voir l'amour mourir!

Bientôt je fus devant une évidence: mon système nerveux ne tiendrait plus le coup. Les nuits blanches à attendre, l'insouciance au quotidien et le manque de respect ressenti m'avaient usée. Pourtant, la première personne qui me manquait de respect, c'était moi-même en refusant ma vérité, en refusant de la voir et de la transformer.

Cette union, comme la première, me fit goûter à la trahison. À nouveau, cette blessure de ne pas me sentir reconnue, aimée et d'être abandonnée se nourrissait de mon maigre pouvoir intérieur. Vidée de celui-ci, comment trouver la force de partir, de reconstruire? Comment trouver les mots pour expliquer mon choix, mes choix à mon enfant? Comment apprendre à pardonner, à me pardonner aussi? Et puis, cette peur d'être tuée et de mourir, ressentie suite à des propos aliénants et menaçants, lorsque l'alcool inhibait l'amour et la vie!

Je n'avais pas compris, pas décodé l'ancienne expérience reliée à l'abandon et à ce besoin de remettre mon pouvoir, dans l'illusion d'être aimée. Je ne m'aimais pas assez pour clarifier tout ça, pour transformer et *pardonner*. Cette seconde expérience, plus intense, allait-elle m'amener à une vision nouvelle de ma vie, de la mort? Pointée à travers une porte, au bout d'un fusil de chasse, mon enfant sous moi, était-ce ce à quoi aboutissaient mes efforts pour vivre? J'étais épuisée. J'avais de la peine, je me sentais impuissante. J'aurais tant voulu l'aider... Comment arrêter tout ça?

Avec toute mon âme et ma conscience, je choisis de parler de cette période de ma vie afin d'apporter à certaines personnes le courage d'en traverser de semblables, d'aller vers le soleil. Je suis heureuse et je me connais beaucoup mieux maintenant. Mon passé a construit mon présent et aussi curieux que cela puisse vous paraître, je remercie la Vie et particulièrement cet homme de son passage dans mon existence. Là était mon expérience. Pas à pas, nous avançons tous sur une même ligne, marchant souvent à tâtons vers le bonheur.

Cette seconde séparation traversée dans les déchirements de la culpabilité, de la réorganisation, de l'insécurité et de l'instabilité, n'avait su m'éloigner du harcèlement et des menaces. Il est difficile d'avoir la compassion pour l'autre lorsque nous demeurons en contact avec notre souffrance. Comment saisir le sens des gestes lorsque tout nous paraît un danger? Le stress prend place et obscurcit davantage la vision.

Sans autre soutien financier que mon travail en remplacement temporaire, voulant acheter la paix, fébrile, loin de ceux que j'aimais et versée dans l'inconnu d'un emploi nouveau, j'ai dû choisir l'assistance de la justice pour nous protéger des menaces. Les appels téléphoniques continuèrent à déverser leur pluie d'injures. La souffrance de cet être pourtant très sensible était grande. C'était un faux dur, un grand blessé.

Un jour, sans m'aviser, il vint chercher notre fille pour l'amener chez-lui. J'ai alors pensé qu'il agissait ainsi pour me blesser. Avais-je raison ou non? C'était la fin des années 70. Fatiguée, sans ressource pour contrer cette manœuvre, je dus l'accepter, par manque de connaissances. Je me résignais, sous les conseils d'amis, dans l'attente qu'il se lasse.

Mon cœur de mère pleurait lorsqu'il m'arrivait de parler à ma fille et qu'elle me réclamait. Un bout difficile ... pour tous! Six mois plus tard, c'était terminé. Fébrile, j'allais la chercher à l'aéroport.

En moi, le volcan brûlait. Je ne pensais nullement à entrer dans un processus de pardon. Mon ego était bien présent, je n'avais pas le goût de l'amour inconditionnel. Je m'en voulais de m'être mise en situations difficiles. Je regrettais mes choix et j'avais peur de ne pas être une bonne mère. J'aimais ma petite fille. J'avais l'impression de ne pas lui donner assez d'amour. Pouvais-je en donner pour deux? J'étais exigeante et critique; je me jugeais et jugeais les autres. J'étais devenue mon propre bourreau.

Au fil des dernières années, j'ai appris à développer une conscience nouvelle. Ma vie est maintenant plus harmonieuse. Il est plus facile de dépasser les obstacles. Mes propos vous démontrent combien était grande la place de la victime en moi. Par eux, j'espère encourager une personne au profil similaire, à avancer et à guérir pour retrouver la paix et l'équilibre.

Plusieurs années suivirent et une troisième relation, respectueuse celle-là, m'amena à nouveau à vivre la trahison! Cette fois, ce fut la colère enfouie, l'abandon et l'incompréhension qui nourrirent mon aspect victime. Ce fut aussi le facteur déclenchant qui m'invita à débuter un chemin d'introspection et de connaissance de moi, me menant à mon mieux-être et à l'équilibre. J'avais placé cet homme sur un piédestal!

Toute ma vie, j'avais appris à contrôler subtilement, au détriment du lâcher prise, pour me protéger et recevoir l'amour. Je croyais ce chemin être celui qui mène au bonheur par l'accomplissement *parfait* du *faire*. Je voulais me conformer et répondre aux normes, aux critères, aux demandes et aux attentes.

Vous avez peut-être lu mes ouvrages précédents et vous êtes donc informé de ce que signifie, selon moi, *contrôle versus maîtrise*. Je vous suggère d'y référer afin que demeure présentes en vous ma démarche menant au lâcher prise et ma vision pour développer l'art du bonheur.

Il y a bien des manières d'exercer le contrôle sur soi et sur les autres, en pensant bien faire et en donnant le maximum. Les années de ce couple furent celles du dépassement, de la réalisation des défis, de l'avancement social après tant de pertes. Je recherchais la perfection dans les bonnes manières, les biens, les fonctions exercées, la réussite scolaire, le paraître, la vision du couple idéal. Je m'en demandais beaucoup ainsi qu'à ma fille et à mon conjoint. Heureusement, aucune violence n'était présente.

Je choisis d'augmenter mon niveau d'études, combinant les emplois pour assumer mes responsabilités croissantes. Je me surprenais parfois à penser que j'avais réussi à réaliser le rêve américain: maison, autos, collège privé, vie sociale intéressante, travail valorisé. J'avais travaillé pendant de nombreuses années. J'accédais enfin, à travers un statut de classe moyenne, à la manifestation de mes objectifs. Mais une série de drames, échelonnés sur une brève période, paralysa mon envol et me plaça en position de choisir à nouveau la vie.

L'espace de quelques mois, j'ai traversé la trahison, la séparation, le suicide du copain de ma fille, lequel j'aimais presque comme un fils. J'ai rencontré la peur de perdre ma belle adolescente. J'ai crains qu'elle se suicide pour le rejoindre. J'ai connu l'impuissance des mots et des gestes. Ma mère naturelle décéda. Je perdis ma maison, ma santé, je dus faire faillite et ces événements ne sont que parmi les plus grandes des expériences de souffrance rencontrées en ce passage.

Avec l'aide de ressources psychologiques, j'ai choisi d'éclairer mon chemin. Je continuais ma route, ignorant toutefois qu'au fond de moi traînaient encore des séquelles de mes blessures passées. Ces dernières étaient reliées à ma difficulté d'exercer mon pouvoir personnel, pour devenir maître de ma vie et cesser de vouloir la contrôler. Je contrôlais mes émotions, je me contrôlais! Ce fut le début de mon école vivante du lâcher prise.

Un jour, j'ai fait la connaissance d'un personnage qui allait lui aussi marquer ma vie. Cette fois, je deviendrais consciente de ma tendance naturelle à remettre mon pouvoir de décider, de choisir dans l'illusion d'être aimée et ne pas me sentir abandonnée.

Cet homme a exercé subtilement une sorte d'emprise, de magnétisme sur moi et ceci dès les premiers instants de notre rencontre. Il ne me fallut pas longtemps pour m'apercevoir de mes états de soumission, de dépendance affective et de difficulté à mettre fin à cette relation.

La violence verbale venait d'entrer à nouveau dans ma vie par la porte d'en arrière, sous les traits d'un *gentleman*... Encore une fois, mon estime pour moi-même et ma confiance avaient été ébranlés.

C'est à grands coups de courage et d'aide, je dirais plutôt spirituelle que temporelle, que je réussis à sortir de cette fréquentation. Je devenais maintenant plus éclairée sur ma façon inconsciente d'attirer à moi ces types de profils relationnels masculins.

Une conscience nouvelle venait de poindre en moi. Du plus profond de ma souffrance, je commençai enfin à émerger de mes illusions. Ce n'était pourtant que le commencement d'une longue histoire d'amour avec moi-même et avec la vie!

Si les blessures du bas âge peuvent influencer toute une dynamique de vie et nourrir notre personnalité, notre ego, il s'avère parfois difficile d'en expliquer l'origine. Toutefois, certaines personnes demeurent plus intensément et répétitivement en récidives de leur souffrance. C'est alors qu'il est intéressant, si bien sûr on y accorde une importance, de regarder la loi de causes à effets du karma.

La personne rationnelle présente en moi durant des années, s'est doucement ouverte. Je découvris des plans plus subtils, voire même paranormaux. J'y ai trouvé certaines explications et des outils. Cela m'a aidé à donner un sens à certaines de mes expériences de vie difficiles. Je ne désire point, ici, vous enlever ni transformer vos croyances. Je vous partage simplement mon bagage, qui je le souhaite, pourra éclairer vos pas.

J'avais souffert à plusieurs reprises des conséquences de l'autorité. Celle-ci était utilisée pour exercer un pouvoir de contrôle. J'étais plutôt sensible et ma réponse à ces agressions étaient souvent le silence, les pleurs en cachette, le retrait. Cette dynamique avait nourri mon manque de confiance qui se traduisait par une timidité, une difficulté à prendre ma place. J'ai appris, pour survivre à ces blessures, à travailler fort afin que l'on s'aperçoive que j'existais. Je me sentais victime.

Après toutes ces expériences à travers lesquelles la violence avait su tenir une emprise sur moi, j'en eus assez et je commençai à chercher de l'aide pour décrocher de ce pattern.

C'est alors que je fis la connaissance d'une infirmière. Celle-ci avait choisi de se consacrer à aider les individus, à travers une approche plutôt spirituelle et énergétique, différente de celles traditionnellement connues et acceptées dans notre société occidentale.

Cette femme pratiquait notamment *la régression*. Cette intervention a pour objectif principal de soutenir une personne dans la libération d'une souffrance enracinée en elle. Le travail de cette intervenante était de guider les personnes qui le souhaitaient, vers la rencontre de certaines mémoires, reliées à cette vie ou à d'autres plus anciennes, associées à un thème de souffrance spécifique dont ils voulaient se débarrasser. D'ailleurs, dans *Passeport pour l'équilibre*, je développe davantage cette approche.

Tout cela peut sembler farfelu aux yeux de certaines personnes. Ce n'est pas de l'hypnose ni de la suggestion. Utiliser cette technique comme outil de guérison de l'âme, demande de lâcher prise aux niveaux mental, rationnel et analytique pour entrer en relation avec des aspects plus cachés, plus profonds en nous, plus divins en définitive. C'est en quelque sorte apprendre à côtoyer les secrets de l'alchimie pour guérir l'âme.

J'ai donc choisi de régresser sur le thème de la violence. Je fus surprise de constater combien il fut facile d'accéder à cet univers inconnu, moi qui me jugeais plutôt cartésienne. J'ai le goût de vous partager succinctement cette première expérience. Libre à vous d'en juger son contenu.

C'était mon premier rendez-vous. Certes, une certaine crainte de l'inconnu flottait en mon esprit et mon cœur battait nerveusement. Toutefois, j'étais déterminée à cesser de rencontrer ce type d'expériences associées à la violence et j'avais choisi de *m'abandonner* entièrement aux soins de cette guérisseuse.

C'était une consœur de travail, une dame pratiquement du même âge que moi. Suite à un cheminement personnel, elle avait choisi de quitter les soins infirmiers pour apporter à ceux qui viendraient vers elle plus de paix intérieure et une meilleure qualité de vie. C'est ce à quoi je tendais aussi.

Je vous fais gré ici de l'aspect technique de la rencontre remplie de douceur, dois-je cependant spécifier. Étendue confortablement, mon corps et mon cerveau répondirent rapidement aux doléances vibratoires de l'intervenante. Bientôt, très détendue, j'eus l'impression de flotter à 6 ou 7 cm au-dessus du matelas, une boule de douceur m'enveloppant. Mon insécurité et mes craintes s'estompèrent.

Les yeux fermés, étonnée, je commençais à recevoir dans ma tête des images, puis tel un film, l'action les anima. Je demeurais en contact avec mon corps, mon environnement et les bruits extérieurs perceptibles par une fenêtre légèrement ouverte. Une odeur agréable d'encens parfumait la pièce. À certains moments, j'entendais la voix rassurante de la thérapeute.

Je commençais à lui décrire ce que je voyais, ce que j'entendais et ce que je ressentais.

Je choisis de vous raconter une petite partie seulement de mon expérience, afin de ne pas alourdir votre lecture. Vous pourrez faire des liens et identifier par la suite des blessures karmiques à l'origine de mes souffrances profondes face à l'autorité, à la soumission et à l'exercice du pouvoir.

Une scène se déroula devant moi...

Dans la clarté des heures du jour qui se lèvait, je vis apparaître le décor d'un palais. De larges et hautes colonnes de pierres, certaines de marbre et joliment décorées, s'élevaient dans une cour vaste. Elles étaient alignées et supportaient une large terrasse recouverte. Des personnages, des hommes pour la plupart, riaient et y faisaient la fête. C'était une époque très ancienne. Ils étaient vêtus de tuniques et certains étaient à demi vêtus. Très peu de femmes étaient présentes. Elles semblaient plutôt apeurées et soumises. Plusieurs hommes en abusaient et s'amusaient en assouvissant leurs fantasmes sexuels. Interdiction de refuser, sinon: punition!

À quelques pas, dans la cour extérieure, il y avait une piscine. Près de celle-ci, j'aperçus une jeune fille recouverte de voiles et d'allure délicate et fragile. Elle était accroupie au sol, pâle, affaiblie. Ses efforts pour vomir provoquaient des tremblements en son corps entier. Personne ne l'aidait, elle avait peur et pensait à mourir. Son âme et son corps souffraient.

Cette femme vivait dans un harem depuis le bas âge. Il lui fut enseigné la danse, l'art de servir et la docilité, en réponse aux exigences parfois démesurées et extravagantes d'un homme et parfois de certains invités. Cet homme, un sultan, était un personnage plutôt autoritaire. Il détenait sur les femmes qui habitaient son harem, une sorte d'emprise par sa façon d'exercer son pouvoir.

Ce soir-là, le maître des lieux faisait une fête. Il avait invité des hommes importants et voulant leur plaire, leur avait offert des heures de plaisir nocturne. Plusieurs filles du harem avaient été mandatées pour répondre à leurs demandes, toutes soumises, craignant les foudres de leur pourvoyeur. On les avait fait boire, fumer de l'opium et danser. Finalement, elles servirent en satisfaisant les invités, tant sexuellement que bestialement et cela jusqu'à ce qu'elles perdent parfois conscience, épuisées.

Cette jeune fille recroquevillée près de la piscine avait à peine quinze ans. Je reconnus sa vibration. Cette victime des sévices de ces mâles cruels et abusifs, c'était moi! Quelque chose venant du plus profond de mon âme, m'en informa. Ces mémoires karmiques se révélaient à moi pour m'aider à libérer une charge longtemps traînée, créant un impact jusque dans ma vie actuelle. Je me suis mise à pleurer abondamment.

Je ressentais l'impuissance, la peur, les émotions de cette femme. Je perçus sa colère refoulée au plus profond en elle. Je sentis sa peur de perdre le contrôle, de réagir et d'être battue, d'être enchaînée ou tuée. Je lus son désarroi et son mépris. Je touchai sa tristesse, celle de se sentir abandonnée sur Terre et de n'avoir pas accès à la capacité de reconnaître et d'utiliser son pouvoir de choisir. Elle y avait renoncé depuis longtemps déjà et l'avait remis en échange de la survie...

Il n'est pas nécessaire ici que je vous instruise du rituel de prières et de guérison favorisant la libération des charges négatives portées par cette mémoire.

Je vous informe simplement qu'à partir de cette rencontre, j'ai ressenti un changement inexplicable se produire en moi. Je suis retournée à deux reprises poursuivre le processus de cette démarche de guérison, avec l'aide de la régression. La magie de l'amour inconditionnel m'a soutenue. Je vis plus clairement mes jeux de rôles dans l'exercice de mon pouvoir personnel, celui des autres, des hommes particulièrement. Je commençai à détacher certains liens électromagnétiques qui avaient attirés à moi, dans ma vie actuelle, la violence et l'abus de pouvoir.

Certes, certains lecteurs peuvent s'interroger face à cette expérience. Je vous rappelle que vous demeurez libres d'en recevoir le partage, dans la couleur scientifique et étroite ou dans celle plus souple d'une conscience élargie.

Comme je vous l'ai mentionné précédemment, mon objectif vise, en vous parlant de moi et de cet outil thérapeutique qu'est la régression, d'apporter un vent d'espoir aux personnes qui ignorent leur souffrance dans l'illusion d'une fausse liberté. C'est également de leur ouvrir une porte nouvelle afin de transformer et libérer un mal de l'âme qui empêche de vivre en équilibre.

Les attentes

Parmi les éléments sur lesquels repose aussi l'aspect victime en soi, il y a les attentes.

Nos attentes, ces chères attentes...

Quoi de plus subtiles. Elles nous cuisinent l'estomac et les tripes, mettent au garde-à-vous nos mécanismes de protection et de défense. Elles suscitent peurs, dualités, illusions, insécurités et plus.

Il est humain d'avoir des attentes. Qui n'en a pas? Le problème est que nous ignorons la plupart du temps leur présence et la place qu'elles occupent dans notre quotidien. Les attentes non exprimées causent des pertes énergétiques et provoquent bien des maux.

Un jour, j'ai choisi de commencer à observer plus consciemment mes attentes. Ainsi, un peu comme un avertisseur veillant en moi, un signal commença à m'être *soufflé* de plus en plus souvent, permettant de découvrir leurs présences cachées.

Lorsque nous avons des attentes, la plupart du temps secrètes, et que celles-ci ne sont pas satisfaites, nous vivons des blessures et réagissons à ces dernières. Nous rencontrons frustration, colère, rage ou d'autres émotions qui, même si elles prennent beaucoup de place, demeurent invisibles et ignorées, se nourrissant de notre énergie ou créant le besoin de *vampiriser* ailleurs l'énergie dont nous avons besoin pour survivre.

Apprendre à découvrir nos attentes libère l'esprit et donne accès au développement du lâcher prise et de la confiance. De plus, il est important de les exprimer à soi et aux autres. Cela permet de diminuer la souffrance ressentie lorsque celles-ci ne donnent pas le résultat souhaité.

L'une des attentes que nous avons souvent, pour ne pas dire sur laquelle s'établit parfois le scénario de notre vie, est celle d'être reconnu, aimé en retour de nos attitudes, de nos actions, de nos comportements. Nous pouvons aller jusqu'à nous laisser conditionner, nous soumettre, nous renier pour les satisfaire.

J'ai eu presque toute ma vie, inconsciemment, cette forme d'attente. D'ailleurs, à mon insu, plusieurs de mes choix ont eu pour base cette dernière. Nous avons tous besoin d'amour et malheureusement, c'est souvent sur le tard de la vie ou suite à des événements difficiles que nous apprenons à nous aimer d'abord, pour ensuite apprendre à aimer. Nous cherchons plutôt par nos gestes à ce que les autres nous estiment, nous offrent leur accueil, leur reconnaissance...

Je vous invite donc à être à l'écoute de vos attentes pour cesser d'en être la victime. Cela ne signifie pas se juger ou se pénaliser devant celles-ci. Vous remarquez que nous pouvons souvent répondre nous-mêmes à plusieurs d'entre elles. Cela amène une satisfaction plutôt qu'une perte d'énergie et un vécu de victime.

En exprimant aux autres les attentes que nous avons envers eux, nous nous responsabilisons face à nous-mêmes et évitons de dramatiser, de chercher des coupables, de juger et de critiquer. Il est essentiel cependant que nous soyons ouverts à la façon dont les autres choisissent ou pas d'y répondre, ainsi qu'à leur manière de le faire.

Apprendre à diminuer nos attentes et à se responsabiliser face à celles-ci, fait partie du chemin qui mène au bonheur. C'est une des classes de l'école du lâcher prise.

Quelques exemples d'attentes:

– Recevoir un cadeau, des remerciements, une invitation, de la reconnaissance, des encouragements, de l'argent, des propositions, de l'amour, du sexe, des fleurs, de l'approbation, la présence de quelqu'un, être invité après avoir reçu quelqu'un pour un repas ...

J'ai souvent été en attente de recevoir des fleurs. J'avais l'illusion qu'un homme offre des fleurs à sa compagne pour lui démontrer son amour, pour lui faire plaisir. Je n'en recevais pas, même si je les attendais. Alors, je ressentais de la peine, je m'interrogeais sans penser que chaque personne est différente. Chacun a ses croyances et ses propres visions concernant les échanges relationnels.

Lorsque j'ai pris conscience de cette attente, je me suis mise à rire un peu de moi. J'ai exprimé celle-ci à mon conjoint, sans m'attendre à le voir revenir les bras chargés de roses. Pour moi, il était important que le geste vienne du cœur et ne soit pas un acte commandé. J'ai aussi appris à me donner le droit de m'en acheter, juste pour mon plaisir, pour m'exprimer amour et douceur. Je n'ai plus jamais souffert de cette attente et je m'amuse beaucoup à me choyer, à accueillir la simplicité du moment présent.

La victime et son corps physique

Depuis notre naissance nous avons tous vécu des problèmes de santé, selon une échelle variable pour chacun. De la poussée dentaire aux troubles associés au processus de vieillissement, nous rencontrons diverses douleurs, des malaises, des inconforts du corps physique. Accidents et maladies traversent notre quotidien sans que nous prenions le temps d'y trouver un sens afin d'en tirer une conscience plus large et une meilleure connaissance.

Il est intéressant de s'abandonner à découvrir ce que la métaphysique, la psychokinésiologie et d'autres approches similaires nous révèlent sur soi. En effet, ce savoir nous aide à décoder ce que le corps physique tente de nous dire. En identifiant des liens présents entre la partie atteinte du corps et les aspects des plans mental, émotionnel, spirituel, il est possible d'arriver à identifier les causes profondes de notre souffrance et de la maladie. Choisir ensuite d'agir sur ces causes active la guérison, améliore la santé et nous aide à mieux vivre la maladie et même à se préparer sereinement à la mort, si telle est l'expérience à rencontrer.

Nombre d'ouvrages traitent de ce sujet. Pour ma part, j'ai été très attirée, il y a déjà plusieurs années, par l'étude de la métaphysique. C'est particulièrement sur moi-même que j'en applique activement la pratique. J'élargis continuellement mon champ d'exercice de pratique, en incluant cette connaissance dans mon service de consultation individuelle.

Mes années d'expertise dans le domaine de la santé appuient cette vision ancienne mais rafraîchissante, qui éclaire rapidement sur les blocages énergétiques causés par des facteurs extrinsèques et intrinsèques et menant aux malaises et maladies.

Certaines personnes deviennent donc, ou risquent de l'être, *victimes du corps physique*. C'est aussi une façon d'exercer parfois du contrôle sur une autre personne, un groupe, son entourage... La maladie et l'incapacité limitant l'autonomie peuvent être utilisées pour garder près de soi un être cher ou pour recevoir certaines gratifications, consciemment ou non.

Il est facile de perdre force, courage et estime de soi lorsqu'on souffre. La douleur physique provoque des changements de comportements, d'habitudes et peut nourrir une certaine intolérance.

En général, nous n'apprécions pas le changement et encore moins lorsqu'il transforme notre façon de faire, de vivre. Il s'ensuit des réactions de frustrations, des états de solitude, de tristesse, d'insécurité, des peurs et des dépendances, transitoires ou permanentes. Pour certaines personnes il est difficile d'avoir à demander, l'orgueil et l'ego manifestant leur désaccord.

Comment l'état de victime du corps physique peut-il nous atteindre?

Pour illustrer mes propos, permettez-moi d'utiliser une expérience qui fut mienne, espérant que cet exemple puisse aider votre compréhension.

Il y a quelques mois, alors que je me préparais pour une tournée de conférences au Québec, je me suis fracturée un pied. Cet accident banal, chez-moi, amena un bousculement dans la plupart des sphères de ma vie. Comme ce livre que je rédigeais à ce moment-là traitait justement de la victime, j'ai profité de cet événement pour explorer plus en profondeur cet aspect, au niveau du corps physique, dans les circonstances données.

L'accident est survenu en début d'après-midi. Je travaillais à mon bureau et je venais de partager à une collaboratrice la grande joie qui m'habitait face aux développements favorables de ma carrière d'écrivaine et de thérapeute. Plusieurs années de travail à semer, pour voir enfin la moisson et la récolte de l'abondance.

Dans cet état de bonheur, presque euphorique, je me suis précipitée pour accueillir une cliente. Celle-ci arrivait plus tôt que prévu à son rendez-vous. Sans m'en apercevoir, je reproduisais l'ancien modèle de vie: courir pour répondre à la demande.

Certes, j'étais arrivée depuis plusieurs années à transformer ce besoin d'en faire beaucoup, rapidement. Mais depuis quelques mois, la demande grandissait et mon agenda laissait de moins en moins de place à l'équilibre. N'avais-je point demandé, un jour, de demeurer consciente de mes risques de déséquilibres? Ainsi, cet accident fut un sévère avertissement et son décodage m'aida à *rechoisir* encore une fois le juste milieu.

Je fus vite éclairée par le langage de mon corps, sitôt que mon pied, ayant glissé dans les marches du palier, se fractura. Une douleur vive m'engourdit le pied et j'eus l'impression qu'elle allait jusqu'à mon âme. J'intervins rapidement et sagement avec l'aide du Reiki, et cela même durant la consultation. Lorsque je me suis demandée ce que j'avais à comprendre de cette situation, j'entendis ma petite voix intérieure me souffler: *cesse de courir, tu es arrivée.*

En arrêtant mon esprit de piailler, j'ai pu commencer à observer comment mes peurs de la réussite et du succès sabotaient ma liberté. J'accueillis ce décodage.

Je suis demeurée calme. Le lendemain, bandage élastique au pied, j'ai continué mon travail. Je me surpris à quelques reprises à jouer à la femme forte. J'ai rencontré aussi celle qui avait peur que sa blessure révèle une fracture sérieuse. Cette dernière éventualité fut confirmée par une radiographie le jour suivant. Mon seuil de tolérance étant assez large, j'avais réussi à écarter la victime physique en moi. Celle des plans émotionnel et mental grandissait cependant.

Une grande peur de ne pouvoir faire la tournée m'envahit. Il y eut aussi la crainte de la douleur physique, de l'inconnu, de décevoir, de perdre, de ne pas être à la hauteur, de ne pouvoir répondre à mes engagements, l'obligation de demander de l'aide, de ralentir... L'insécurité dans ses multiples facettes!

L'orthopédiste choisit de plâtrer mon pied pour au moins quatre semaines. J'aurais droit à un talon de marche, quelle merveille! Je repris donc mes activités en m'adaptant à un nouveau rythme imposé. La douleur était au rendez-vous, m'obligeant à réduire mon temps de travail et nuisant à mon sommeil. L'infirmière en moi observait et intervenait. Ma partie spirituelle alimentait ma confiance en une guérison optimale au plus tôt, mais un doute subsistait, inexplicable, face au mode d'intervention du spécialiste. Mon insécurité croissait.

Ma plus grande souffrance était ma limite d'action et la peur de ne pas être à la hauteur des attentes. C'était là le reflet de toute ma vie. Revenu subtilement, ce pattern voulait reprendre sa place. Mes guides, par cet accident, m'en avertissaient. J'avais à m'observer.

C'est donc avec un plâtre au pied que j'ai débuté ma tournée à travers le Québec! Je me sentais victime des circonstances. Après tant de travail, de détachement, une belle aventure s'ouvrait à moi, une chance d'être plus connue et d'enseigner à une échelle plus étendue. Je devais vivre cela avec un pied plâtré! Zut, ce n'était pas juste!

Je me suis donnée le droit de pleurer ma peine puis j'ai choisi de ne pas nourrir ma *victimite*: j'utiliserais plutôt cette expérience pour m'enrichir et en parler dans mon livre.

Je me souviens de ma première sortie, de la peur de glisser car il y avait de la glace, de ma gêne à utiliser une canne et à demander de l'assistance. J'observais le regard des gens. Je lisais même parfois le jugement, la pitié ou leur malaise face à une personne handicapée. Il y avait aussi leur impuissance, leur peur d'aider, par manque de connaissances.

Il y avait ma crainte, légère cependant, du ridicule et aussi un peu de tristesse face à mon image. Ce n'était pas la grande forme! Devant l'auditoire, j'aurais voulu paraître et être au meilleur de ma forme, de mon esprit et de mon âme pour enseigner l'amour.

Le thème de cette série de conférences était *le lâcher prise*. Dès les premiers instants qui ont suivi mon accident, j'ai compris que je vivrais ce thème tout au long de l'itinéraire des trois semaines de tournée.

J'avais à m'aimer dans cette expérience et à dépasser mes limites de conscience. En ouvrant mon cœur à moi-même, en acceptant et en m'acceptant dans les circonstances, j'ouvrais ainsi mon cœur aux autres et il serait plus aisé de diffuser la connaissance du lâcher prise. Je me surpris à rire de tout cela. Encore une fois, l'expérience du lâcher prise était vivante.

Entourée d'une assistante ensoleillée et des personnes organisatrices de l'événement, c'est sous une neige abondante que débuta le périple à Val-d'Or puis à Gatineau ...

Ce qui me dérangeait le plus était la limite de mes mouvements, de ma rapidité à avancer, à m'occuper de mes bagages. Accomplir mes soins personnels était même une corvée. Mon autonomie était brimée. J'appris à accueillir et à demander de l'aide. J'aurais aimé m'investir plus auprès d'autrui, mais j'ai compris l'importance de prendre le temps et un recul. J'avais été peu habituée à ce qu'on prenne soin de moi et c'est ce qui m'était donné d'apprendre. Être moins dans l'action pour mieux Être en moi et me préparer sagement à passer mes messages. Voilà une autre classe en cette École du lâcher prise.

Il y avait aussi la douleur causée par la lésion et l'enflure, malgré l'application des soins appropriés. Il m'arrivait, dans la fatigue de fin de journée, de rencontrer un passage d'émotions: injustice, colère, tristesse. Je donnais droit à la victime en moi, à ma personnalité de s'exprimer. Par la suite, le soleil revenait. J'ai choisi d'être vraie au maximum face à moi et aux autres et cela fut, selon moi, ma plus belle décision.

Au moment d'écrire ces lignes, je récupère progressivement. Il y a déjà plusieurs semaines que le plâtre fut enlevé. J'ai passé le tiers de ma tournée le pied plâtré et le reste en réadaptation, utilisant une canne et devant demeurer vigilante car le cal osseux était fort fragile dû à la complexité de la fracture.

Ce que j'en retiens, c'est le support et l'écoute de ceux qui m'ont accueillie dans ma souffrance. Je remercie mes proches et les autres qui m'ont apporté leur aide, quelque en soit la forme, sans me juger.

C'est de Bayonne dans le pays basque, au sud-ouest de la France, que je laisse actuellement ma plume vous causer. Des circonstances ont fait que j'ai choisi de traverser l'Atlantique pour dépasser mon insécurité et ma peur de ne pas être à la hauteur. Je me suis jointe à un groupe de futures infirmières venues en stage au Centre Hospitalier de la Côte Basque.

Quelque chose d'inexplicable me poussait à venir vivre ici cette expérience de croissance et de dépassement. À diverses reprises, j'ai remis en question ma décision, la guérison de ma fracture se voulant très lente. Il y a plus de trois mois que l'accident est survenu et les tissus osseux cicatrisent difficilement. La marche est plus lente; elle exige la vigilance et le repos au besoin. De plus, il est important d'éviter le transport d'objets lourds. Imaginez-vous: avion – train – escaliers – bagages – déplacements... C'est plus ardu que métro – boulot – dodo! Tout pour nourrir mon insécurité.

Avec prudence, j'ai entrepris ce voyage, consciente que rien n'arrive pour rien et que j'ai à faire confiance à l'univers. J'ai appris qu'un temps est nécessaire pour qu'un enseignement s'intègre en soi. Mon expérience me montre jusqu'à quel degré j'étais à reproduire, de manière différente, mon ancien pattern de sauveur et d'exigences pour moi-même, victime de mes choix parfois.

Ce voyage au pays basque m'a permis d'écrire plusieurs pages et une conscience nouvelle a vu le jour. L'être humain est en constante évolution, alors je suis heureuse de me développer pour découvrir le meilleur en moi et continuer ainsi de me libérer.

Je remercie la vie de me guider dans cette expérience de croissance. J'ai eu à maintes reprises, en ce voyage qui m'amena de Paris vers Bayonne, l'Espagne et la Suisse, à lâcher prise. Encore une fois, la magie de l'amour et de la vie m'a apporté son aide et ses cadeaux.

Je garde dans mon cœur les plus belles images et le sourire des neufs charmantes personnes qui m'accompagnaient. J'ai le goût ici d'envelopper d'une pensée ensoleillée plus particulièrement mon amie, instigatrice du projet.

Vive la simplicité, les tapas et le gâteau basque!

En conclusion de ce décodage de ma blessure au pied, je peux déjà voir l'impact créé sur mon quotidien, ma conscience, ma vision du travail. Cette expérience m'a permis de revoir mes choix, de lâcher prise, de développer la sécurité dans l'insécurité. Je suis davantage ouverte à avancer, à recevoir et à accueillir le succès. Je précède d'ailleurs la diffusion de mon livre en France. Un pont est maintenant vivant. C'est à suivre...

Je sais que la maladie, quelle qu'en soit l'origine, apporte son bagage de lourdeur. Mais il arrive aussi, comme je le mentionnais précédemment, que celle-ci génère des compensations, des bénéfices de divers ordres. Toutefois, je crois qu'il est préférable de la prévenir en étant le plus possible à l'écoute de notre intérieur, de notre corps qui donne souvent des indices de déséquilibre.

J'ai travaillé plus de 25 ans comme infirmière et j'ai vu la douleur ravager des instants de vie précieux. Je continue de côtoyer le mal-être d'autrui et de travailler à la guérison. Je me sens cependant mieux nantie de connaissances et j'en vois régulièrement les effets sur moi et les autres. Voir la victime en soi, apprendre à découvrir et choisir de la guérir, petits pas par petits pas, est un des plus beaux cadeaux que l'on puisse se donner.

Je me suis posée également la question suivante: qu'est-ce qui fait que certains groupes, peuples ou certaines collectivités endossent l'image de la victime?

Je suis demeurée sans réponses... Bien sûr, auparavant je les jugeais en disant qu'ils manquaient d'organisation; j'étais jeune, ma pensée a évolué. J'ai regardé les points de vue démographiques, économiques, religieux, culturels, sociaux et familiaux. Je suis allée en Inde, en Égypte. J'ai visité quelques endroits défavorisés de la péninsule du Yucatan. J'ai regardé des peuples vivre leur misère. J'ai observé, médité, cogité. Je me suis tournée vers le bouddhisme puis vers l'hindouisme pour trouver des réponses. J'ai cherché dans certaines écritures et dans des enseignements anciens...

À présent, et cela est ma vision personnelle, j'adhère à l'universalité de la force de vie et à la puissance du divin qui nous permet d'évoluer ici-bas, dans la matière.

Je crois que certaines âmes peuvent choisir d'endosser d'être victimes de la faim, de la maladie, de catastrophes pour aider d'autres personnes à transformer et élever leur conscience. Victimes perçues socialement dans la collectivité terrestre: le Tiers-monde, les victimes d'attentats, les suicidés collectifs, les lépreux, les itinérants...

Il existe aussi, d'un point de vue karmique, des états de victime reliés à des expériences passées par des attaches vibratoires. La loi de cause à effet est aussi valable dans cette présente vie, pour tous.

Il arrive également qu'une dynamique familiale soit le fruit de vies passées afin de permettre à certains des membres de libérer une charge importante de souffrance. Il y a aussi l'inceste, la violence conjugale, les abus de pouvoir... Dans la partie traitant du bourreau, je reviendrai sur ces propos.

La victime se retrouve dans toutes les classes sociales, tous les sexes, tous les âges, toutes les races, tous les peuples. Et bien entendu, cet aspect victime est présent en nous tous et sait se manifester de façons variées et appropriées à l'évolution pour chacun, au moment *juste* de l'existence.

Évoluer *grâce à la victime* en soi, en l'autre

Être conscient de la place et du jeu de rôle de la victime dans notre vie est important. Reconnaître que cet aspect est présent en soi, en découvrir les manifestations et les causes le générant, est une classe enrichissante à l'école de la vie.

Vivre avec une *victime*

Il est souvent plus facile d'identifier la victime chez l'autre qu'en soi. Cependant nous sommes tous, comme je le disais précédemment, des petites victimes. Cet aspect de soi n'attend que la *peur du manque* ou une autre occasion propice, pour s'activer en nous et miner notre énergie vitale subtilement.

Il est intéressant, pour ceux qui le choisissent et désirent améliorer leur mieux-être, de chercher à découvrir nos propres façons d'être victime. Ainsi, voir chez l'autre cet aspect peut être une opportunité de sortir du piège tentant d'être sauveur ou bourreau. Afin d'y arriver, il suffit premièrement d'accepter qu'en soi habite aussi la victime. Tel un miroir, simplement laisser se refléter alors en nous l'image reconnue chez l'autre et ceci sans nous juger. J'aborderai plus loin la dynamique de guérison.

Il peut s'avérer fort simple de déceler en l'autre la victime, comme il peut se passer bien des années avant d'en prendre conscience. Les choses arrivent lorsque nous sommes prêts à les rencontrer. J'ai expérimenté, souvent après l'avoir constaté, que Dieu met sur notre route seulement ce qui nous permet de faire un pas de plus pour avancer, pour nous développer et pour nous renforcer dans l'apprentissage de l'amour, peu importe où nous nous situons en tant que point avançant sur une ligne entre la naissance et la mort sur cette planète.

Qui est cet autre?

Ce peut être toute personne que nous côtoyons et avec laquelle nous entrons en relation par le biais du travail, d'un loisir, du couple, de la famille, de l'amitié... Ceci est fort large, n'est-ce pas? Toutefois, je choisis de parler plus spécifiquement de la victime vivant sous le même toit que son «bourreau» ou dont les liens avec lui sont significatifs. Il peut s'agir d'un enfant, d'un frère ou d'une sœur, d'un parent, d'un colocataire, d'un conjoint, d'une conjointe, d'un patron ou d'un employé.

J'ai fait mention précédemment que lorsque nous sommes blessés, en bas âge par exemple, cette blessure laisse en nous une sorte de cicatrice émettant une fréquence autour de nous. Cette émission de signaux, par un phénomène électromagnétique, se répand et est captée par les personnes en correspondance avec celle-ci, c'est-à-dire celles qui possèdent dans leur personnalité et dans leur être, le bagage nécessaire pour servir notre évolution et la leur, s'ils en deviennent conscients et y travaillent toutefois. Je les appelle des outils... Nous en sommes aussi pour les autres.

Sans nous en apercevoir, nous créons ensuite les liens avec ces personnes, nous les renforçons. Occupés à nourrir cette nouvelle relation, lorsqu'il s'agit d'un couple par exemple, nous demeurons souvent aveuglés devant le bien-être retiré de la nouveauté. Nous aimons croire en nos illusions et comme il nous arrive ce que nous croyons et non ce qu'on veut, nous pouvons demeurer longtemps enfermés dans notre temple d'illusions, ignorant la victime en l'autre jusqu'au jour où nous commençons à lever le voile.

Cet *autre*, ignorant souvent son propre aspect victime, laissera cet aspect prendre une place croissante, se nourrissant de l'énergie du pouvoir intérieur de son partenaire.

À noter qu'une personne peut très vite détecter l'aspect victime de l'autre et choisir d'entrer quand même en relation. Ce sont souvent les besoins de contrôler qui, silencieusement, soutiennent ce type relationnel. Cette dynamique est difficile à vivre. Ce genre de relation cherche à écraser et/ou à survivre. C'est un piège à éviter. Dans l'ignorance ou la connaissance, établir les fondements d'un couple sur ce profil, conduit tôt ou tard à la déchirure, aux risques de se détruire mutuellement.

Il y a aussi ces autres personnes qui prétendent ne jamais être victimes dans leur vie et qui condamnent ceux qui le sont. Ce discours cache, en général, le contrôle et une grande souffrance de ne pas se sentir reconnu et aimé pour ce qu'ils sont. Il est laborieux de vouloir changer les autres.

Une telle personne acceptera difficilement de voir en elle la victime, qui pourtant est présente en puissance bien que sommeillante. Plusieurs *manques* (de temps, d'argent, d'attention) en alimentent l'énergie. Lorsque la bombe explose, cela risque de détruire elle-même et l'autre, si des moyens ne sont pas connus ou utilisés pour en limiter les dégâts.

Il est donc important d'observer nos relations, celles qui visent particulièrement l'union, la vie commune. Il est aussi essentiel d'identifier la direction de notre chemin de vie et de choisir consciemment d'agir sur notre propre guérison.

Vivre avec une victime demande des efforts, de la constance, du courage, de l'enracinement. Cela demande aussi d'éviter le piège du sauveur.

Partager la vie d'une victime peut s'avérer une expérience enrichissante à condition que les deux partenaires soient conscients de la façon dont chacun vit et répond à cet aspect de victime présent en eux, pour eux-mêmes et à l'égard de l'autre. Il est nécessaire cependant qu'un travail de transformation personnelle, choisi et endossé par chacun des partenaires, les supporte pour traverser les moments plus ardus. Car durant ces passages difficiles chacun sera porté naturellement à renforcer sa *victimite* et à réagir aux actions de l'autre. Ceci est valable pour les deux personnes: action entraîne réaction! Lorsque non désamorcée, la *victimite* est une bombe de grande puissance qui se prépare à éclater.

Mais tout ne se passe pas toujours de manière aussi simple ou dramatique. La plupart du temps, les gens entrent en relation inconscients de ce qu'ils portent en eux. Eux-mêmes ne se connaissent pas ou que très peu, et en viennent à critiquer chez l'autre ce qui est caché en eux.

Dans les débuts d'une relation, c'est le chat et la souris qui s'amusent. Pour ne pas déplaire, être aimés et accueillis, nous sommes parfois prêts à nous nier, à rejeter nos besoins, à ne pas respecter nos limites, à refuser de s'exprimer et j'en passe. Nous aimons cacher à l'autre nos défauts et nos faiblesses tant et aussi longtemps que notre capacité à les masquer tiendra le coup. Peu à peu, chacun des conjoints déballera sa marchandise et la vie se chargera d'en maximiser la nature. Avis aux intéressés: apprendre à être vrais dès le départ favorise un apport mutuel de respect.

Que ce soit par le langage du corps, la maladie, les différents aspects culturels, les émotions et les blessures, l'énergie de la victime se présentera à vous sous la forme *parfaite* pour servir vos évolutions réciproques. Bien avant notre naissance, des engagements d'âmes à âmes se sont créés. Il n'existe pas, le hasard d'être venu au monde dans telle famille, tel lieu, de rencontrer tels types de personnes etc.

Vivre avec une victime invite au lâcher prise, à la patience, à l'apprentissage de la voie de la maîtrise de soi et *non du contrôle sur soi* ou de nos émotions.

Vivre avec une victime demande de dédramatiser, de développer une meilleure assurance en apprenant à accueillir nos insécurités pour renforcer notre pouvoir personnel de choisir.

Vivre avec une victime, c'est apprivoiser le détachement de nos émotions, de nos réactions et de celles des autres. Cela exige de développer l'amour inconditionnel et le respect par la compassion vis-à-vis la souffrance de l'autre et de la nôtre.

Vivre avec une victime, c'est aussi savoir être un guide sans vivre à la place de l'autre ce qui lui appartient. C'est l'envelopper d'amour et de compréhension tout en sachant garder une distance pour que l'autre grandisse, mieux éclairé. C'est aussi lui apporter support en s'assurant au préalable d'être assez ancré et solide pour servir ainsi.

Vivre avec une victime, c'est être à l'école du non jugement. C'est aussi reconnaître ses limites et les exprimer. C'est s'élever au-dessus de la peur de perdre et donner sans attente, convaincu que ce geste est le plus bénéfique pour aider l'autre.

Vivre avec une victime demande d'apprendre à se protéger, à ne pas se laisser *vampiriser* sous prétexte d'aider. C'est aller se chercher des moyens pour améliorer et maintenir notre énergie vitale au quotidien. C'est marcher vers l'équilibre.

Vous est-il déjà arrivé de tendre la main à une personne et constater par la suite qu'elle reproduisait son pattern? Quelle impuissance ressentie! Quelle colère! Quelle tristesse! Il est important de suggérer à l'autre des moyens de s'en sortir, de l'assister même parfois dans une démarche, mais il est tout aussi essentiel de se rappeler que tout chemin de libération appartient à chacun et que chacun en dispose librement.

Vivre avec une victime, c'est découvrir à travers l'autre nos propres blessures et tendances. C'est choisir de les transformer, non en accusant mais en changeant notre vision de soi, de nos habitudes, de nos attitudes et croyances. Graduellement, notre perception de l'autre prendra une tangente différente.

Cela fait mal de constater que l'autre n'est pas, ou n'est plus, à l'image de ce que nous avions cru. C'est décevant et on peut s'en vouloir de ne pas avoir su décoder le personnage. Quoi qu'il en soit, toute expérience observée et amenée dans la conscience en fait quelque chose de constructif. Chercher le coupable ne règle rien. Il faut agir d'abord sur soi-même et lâcher prise, confiant de recevoir la force pour traverser l'épreuve.

Même auprès d'une personne à quelques pas de la mort, il est important de l'assister pour l'aider à trouver le sens de son expérience et pour la supporter dans son détachement. Pour y arriver, nous aurons besoin d'être conscients de nos propres peurs associées à la mort et d'apprendre à puiser en soi et en la Source, l'énergie de vie.

Qu'on soit victime de soi-même, de nos blessures secrètes, de nos mécanismes de protection ou qu'on se sente victime de l'autre, l'interrelation est toujours chargée d'émotions. Chacun devient très fragile et vulnérable. Se terrant dans des attitudes de retrait ou d'attaque pour se protéger, il est facile de s'infliger ou de faire vivre à l'autre une forme de domination, de contrôle, d'emprise.

Ces relations peuvent drainer la joie de vivre et devenir épuisantes avec le temps. Les blessures sont parfois très profondes et appartiennent à des vies passées. Elles ont des charges hautement négatives. Pour les nettoyer, la consultation est nécessaire, que ce soit en médecine psycho-énergétique ou à travers d'autres approches plus reconnues.

Reconnaître que nous ne pouvons décider à la place de l'autre de choisir ou pas de guérir, est une forme de respect. S'entêter à demeurer dans une relation ou la victime bat la mesure ne peut que conduire à la fatigue, au stress, à la maladie. Je le répète, pour qu'un couple arrive à traverser ensemble efficacement un tel passage de guérison, il est nécessaire que les deux personnes souhaitent du plus profond de leur cœur, bénéficier de l'expérience des deux âmes et des deux personnalités. L'un ne peut pas traîner l'autre. C'est un chemin d'autonomie divine et terrestre.

Il est impérieux d'utiliser le jeu du miroir pour se connaître mieux, conjointement et/ou personnellement. Guérir à deux est une expérience intense, mais qui renforce les effets positifs qui en découlent par la suite. De plus, cette action thérapeutique à partir de ce que nous nous reflétons, accélère le processus de transformation personnelle. Ce qui aurait pu prendre un temps très long à se libérer (des années, des siècles...) le sera en quelques mois...ou années.

Cela demande de l'amour inconditionnel, du courage, de la connaissance mais avant tout de choisir ce chemin à deux, sans jugement. Autrement, il est préférable de libérer les attaches pour permettre que chacun vive individuellement son expérience.

À noter: ce qu'on fuit nous suit. Ce qui n'est pas totalement compris et libéré risque de revenir tôt ou tard, par un autre chemin relationnel. Ainsi va la vie!

Je joins ici un autre de mes articles. Ce dernier donne suite à ma pensée...

Ce que l'on fuit nous suit...

Vous est-il déjà arrivé de constater la répétition, dans votre vie, d'une souffrance dont vous pensiez être libérée?

Il peut s'agir d'une attitude, d'une situation, d'un pattern qui, comme enchaîné au passé, revient alors que vous ne vous en attendiez nullement.

Des mois, des années même plus tard, vous voilà à nouveau baignant dans l'ancien, cela même si votre environnement, votre entourage et vous-même avez changé, évolué.

Quelques exemples:

- *Une femme, séparée d'un conjoint violent, refait sa vie dans une relation respectueuse. Des circonstances poussent ultérieurement ce second couple à rompre. Vient vers elle, une nouvelle personne qui graduellement se révèle violente, exerçant une emprise plus forte que celle passée.*
- *Une seconde faillite suit tardivement la première.*
- *Un homme attire à lui des femmes d'un même profil:engagées, dépendantes, contrôlantes ...*
- *La récidive d'un burn-out.*
- *Une personne, changeant plusieurs fois d'emploi, ne se sent jamais reconnue par ses supérieurs.*
- *Une personne trahie vit l'abandon d'une relation à l'autre...*

Peut-être pensez-vous maintenant à l'expérience de quelqu'un que vous connaissez? Osez regarder attentivement votre vie. Permettez-vous d'en observer certains faits!

J'ai constaté que malgré une vision plus claire de ma vie, il m'arrive encore de me retrouver en face de l'ancien, différent dans l'emballage, mais au contenu déjà servi. Du réchauffé plus corsé ou piquant, pour mettre en évidence ma souffrance et rechoisir d'en sortir!

Qu'est-ce qui peut bien cependant nous pousser vers ces vieux sentiers?

Nous sommes des êtres spirituels venus évoluer ici-bas et non le contraire. L'objectif de notre passage, ce que nous venons guérir et notre potentiel en devenir, est inscrit en nous. Nos expériences sont des opportunités par lesquelles nous pouvons évoluer sainement. Tenter de les contrôler ou de les nier, nourrit peurs et souffrance, plutôt qu'épanouissement et réalisation de soi.

L'une des clés favorisant la délivrance des expériences récidivantes est d'apprendre à les décoder. Nous en éviterons la répétition, souvent intensifiée, en souhaitant consciemment guérir, en sortir, apprendre à s'aimer davantage, à se respecter et à développer la maîtrise personnelle.

Nous sommes porteur d'une énergie, dont l'alchimie est pour chacun teintée des charges, invisibles à l'œil humain, de nos blessures. Nous émettons, à notre insu, des signaux attirant vers nous personnes et situations en correspondance avec la fréquence émise.

Exemple 1: une personne dont l'aspect victime est fort, appelle à elle, inconsciemment bien sûr, gens et situations porteurs d'un diapason similaire. Ceci l'amènera contre toute apparence illusoire à subir.

Exemple 2: Un être dont une blessure d'abandon est masquée par son contrôle ou son perfectionnisme s'attirera inévitablement ce qui le fera se sentir abandonné...

C'est par l'authenticité croissante envers soi, la recherche continue de notre véritable identité, du sens de nos expériences et c'est en mettant des mots sur nos blessures passées (incompréhension, rejet, manque de reconnaissance...), en identifiant attitudes, réactions, patterns..., que nous posons un pas solide sur le chemin du bonheur.

Une démarche de libération des chaînes nécessite de se donner le droit au bonheur tant recherché. Cela débute en cessant de se juger. Le regard tourné vers soi ouvre les portes du lâcher prise, du pardon, de l'énergie qui circule au maximum et de la vraie joie au quotidien.

Maîtriser sa vie et non tenter de la contrôler, pour mieux respirer.

Ce que l'on fuit nous suit..

Mettre fin à l'infernal combat dont l'ignorance demeure la cause principale. Il est essentiel de regarder notre relation avec notre pouvoir personnel, cette force intérieure nous permettant de choisir et de créer.

Le nouveau est accessible librement lorsque l'ancien est complété. Parfois nous croyons faussement avoir réglé celui-ci par des actes concrets tels séparation, divorce, démission, changement de travail...

N'ayez pas d'illusion! Cette paix risque de ne durer qu'un temps. Subtilement, les signes de la présence sournoise des conflits profonds non réglés réapparaîtront.

La personne vigilante qui décèle l'émergence d'une souffrance passée et choisit de passer à l'action par une démarche personnelle, ou assistée parfois, met en sa faveur la Magie de la Vie. Comme une fleur flétrie sous un long hiver écrasant, les doux rayons de l'astre doré referont naître en elle sa force de Vie, pour qu'à nouveau éclate sa beauté...

N'êtes-vous point le jardinier de votre âme?

Chapitre 2

LE SAUVEUR

Définir le Sauveur:

À partir de mon plus jeune âge, pour ne pas dire avant ma naissance même, j'ai vécu l'état de la victime, sans le savoir, par mes choix d'âme et par des circonstances. En effet, par cette voie, diverses situations furent parsemées dans ma vie avec l'intervention des guides. Ces situations renforcées par mes pensées les plus abstraites, par mes croyances et même par mes mots, firent que j'en vins *à me sentir victime* et à trouver la vie injuste.

L'ignorance de mon identité profonde servit trop bien le renforcement de mes blessures karmiques en cette incarnation. Celle-ci a nourri une souffrance cachée en moi ainsi que maintes formes de mécanismes non-conscients de protection.

Il me fallut plusieurs années pour découvrir ceci. Encore aujourd'hui, je suis *chercheure* en quête de guérison et d'épanouissement par mon *je suis*. J'explore mes capacités de manière optimale afin de servir certes, mais aussi de savourer la joie d'Être sur la Terre.

Maintes années vécues laborieusement, mais qui furent tellement intéressantes, m'ont menée à la découverte de moi-même, de l'humain, de son potentiel enfoui et de la Vie, à travers des lunettes élargies.

C'est durant ce parcours que j'ai fait la connaissance du sauveur. Il m'habitait. Mon esprit et lui cohabitaient depuis longtemps et pourtant j'ignorais cette présence et l'inquisition de ce visiteur inscrit dans chacune de mes cellules. Comme la vie passe! Et comme nous aimons fuir, croyant arriver au bonheur par ce chemin.

Mais que signifie le mot: sauveur?

Nous sommes familiers avec la définition de ce terme qui exprime la capacité d'apporter du secours, de fournir de l'aide pour améliorer, construire, assister...

Moïse *sauvé* des eaux!

Les eaux les plus à risques et dans lesquelles nous pouvons nous noyer, sont celles qui prennent place en nous et que j'appellerai dans le contexte actuel de ce livre: le bassin de l'ignorance.

En fait, cette mer paralyse, provoque l'inertie de la mission de l'âme et est plus connue sous les dénominations de peur, illusion, dualité, dépendance, insécurité, mémoires karmiques.

Ces eaux inondent notre quotidien, noyant les routes de l'âme. Dans l'illusion du contraire, nous élevons des barrages en nous et autour de nous, croyant limiter les dégâts et accéder ainsi au bonheur. Mais voilà! Le chemin du bonheur véritable commence par accepter que cette mer nourrisse notre souffrance et que nous basions le plus souvent nos choix sur des sables mouvants, au lieu de nous fortifier en les faisant sur une base de pierres. Ainsi, peu à peu, nous nous ensablons dans les lits de la peur, de la colère, du contrôle.... Nous devenons prisonniers de notre fortification, empreinte de lourdeur.

Alors que faire pour retrouver la liberté? Comme Moïse lorsqu'il a aidé le peuple hébreu à se délivrer des assauts des Égyptiens: créer un passage dans cette mer, en ayant le courage et assez de foi pour croire qu'en la traversant nous serons guéris.

J'ai ainsi, et à mon insu, suivi ma petite voix intérieure. Elle m'a aidée à faire le choix d'entrer dans ces eaux de l'errance. J'y ai trouvé le sauveur en moi et tout ce qui en alimentait l'énergie dans mon quotidien.

Cet aspect présent en chacun de nous commence à prendre de plus en plus d'espace et intervient pour répondre à un besoin de se sentir vivant. Nous verrons dans quelles sortes de manifestations il apparaît le plus souvent et d'où origine sa raison d'être.

Être sauveur, ce n'est pas à rejeter complètement, mais il est sage d'apprendre à utiliser l'énergie du sauveur pour soi en premier. Comment puis-je apporter de l'aide si je suis affaibli par ma propre souffrance et malheureusement souvent aveuglé par les illusions qu'elle génère?

Il est donc impératif de vérifier où nous nous situons face au rôle de sauveur et de constater la place qu'occupe le triangle «sauveur-victime-bourreau» dans notre vie. Mieux nantis dans nos jeux de rôles, il sera plus simple de choisir avec clarté notre orientation de demain.

Je ne suggère pas ici de cesser d'apporter secours et mieux-être autour de nous. Mon objectif est plutôt d'éclairer les bases sur lesquelles nous le faisons, et particulièrement si nous le faisons en nous respectant et en nous aimant. Lorsque je suis plus authentique avec moi, je le deviens aussi avec les autres et la vie. Il est moins menaçant de choisir d'Être.

Vivre le sauveur est épanouissant et enrichissant à tous les niveaux lorsque ce chemin nous guide vers l'équilibre.

Profil type du sauveur et symptomatologie

L'aspect du sauveur est présent en chacun de nous. Plus développé chez les uns, il devient leur dominante du triangle «sauveur-victime-bourreau». Chez d'autres, il soutient des attentes ou peut simplement être le pilier associé à la reconnaissance que l'on s'accorde dans l'ego ou l'inconscience, pour se prouver que l'on existe, que l'on a une valeur etc.

En général, les sauveurs sont aussi des victimes. Ceci est intéressant, d'autant plus que le contraire est souvent vrai. Ces rôles, par le jeu de l'attraction alchimique et électromagnétique mentionné au chapitre premier, s'attirent tôt ou tard inévitablement, et peuvent créer un cercle limitant le développement personnel.

Il n'est pas rare de retrouver ces jeux de rôles dans les relations significatives (amis, parents, famille, couple). Aussi longtemps qu'évolue secrètement la présence de cette dynamique non constructive, il peut se créer des patterns de dépendance, d'insécurité affective, de peur de perdre, de soumission et de domination. Le chemin du maître est le seul qui puisse être emprunté pour sortir de ces cercles non bénéfiques.

J'ai remarqué que les personnes de type sauveur sont sensibles et dévouées; elles prennent les choses à cœur. La plupart d'entre elles donnent temps, matériel, argent, amour généreusement et souvent en s'oubliant. Elles oublient de se donner à elles-mêmes et cela aussi longtemps que demeure présent le voile sur les raisons qui supportent le bien-fondé, profond en elles, de ce besoin de sauver.

Par la suite, lorsqu'elles sont mieux éclairées, ces personnes, continuent d'œuvrer au mieux-être d'autrui, si elles le choisissent. Cependant elles ressentent davantage de satisfaction. Elles ont appris à s'inclure, en se donnant de l'amour aussi.

Se donner de l'amour inconditionnellement, c'est d'abord s'accueillir dans notre vérité cachée et l'explorer. C'est de transformer ce qui nous empêche d'Être vrai et heureux. C'est apprendre à devenir maître de notre vie.

Les *sauveurs* éprouvent un besoin irrésistible d'aider en écoutant, voire même en trouvant des solutions pour les autres avant même de permettre à ces derniers de *penser* à passer à l'action. Certains sont très loquaces, dictateurs et contrôlants. D'autres, plus silencieux, organisent secrètement. Mais inutile de porter un jugement car pour le sauveur comme pour la victime, ce jeu de rôle repose sur des blessures passées et le besoin de ne plus souffrir. Le besoin de sauver peut aussi naître d'une incapacité à voir dans l'autre notre propre souffrance occultée ou étouffée et vouloir la contrôler, dans l'illusion que le poids de cette souffrance sera allégé par l'aide à autrui. Elle n'est pas dissoute cependant et les blessures continuent à croître, à notre insu, en générant divers types de réactions. Ainsi, elle grandissent, et avec le temps elles nuisent à la circulation de notre énergie vitale, créant malaises et maladies. Observer et guérir le sauveur en soi est une des clés pour favoriser une meilleure santé.

J'ai fait partie du groupe des *sauveurs inconditionnels* durant des années. Aujourd'hui cet aspect ne draine plus ma vitalité. Je demeure alerte aux symptômes qui m'annoncent mon besoin de sauver et j'essaie de garder l'équilibre.

Il serait facile, dans mon travail thérapeutique, de retomber dans le pattern. Aussi ma profession est devenue un outil, un phare pour éclairer mes pas. Je demeure à l'écoute des besoins de mes clients. Je me resitue face à moi-même dans chaque thème abordé, relativement à leurs problèmes. Cela m'aide. On dit parfois que l'intervenant guérit avec le sujet!

Curieusement, j'ai observé que certaines personnes viennent me consulter sur un sujet particulier pour lequel ils ont besoin de support, alors que justement ce thème me touche de nouveau dans ma vie ou risque d'entrer bientôt dans mon quotidien!

C'est comme si mes guides m'envoyaient de la lumière. Pour apporter mon aide aux autres, j'ai besoin de puiser dans mon bagage et dans mon expertise. Je profite donc de ces situations pour réévaluer où j'en suis face à des choix, à des peurs, à mon insécurité ... Ainsi mon travail nourrit l'équilibre en moi. La clarté qui en découle me permet d'éviter les pièges du sauveur face à la victime. Merci à la vie pour ce support!

D'où origine l'aspect sauveur?

Un peu de moi

Mais comment et pourquoi devient-on sauveur?

En vous parlant encore une fois de moi, je souhaite vous éclairer. Peut-être serez-vous amusé, frustré, sceptique ou en accord avec mes propos? Ce qui importe est d'éveiller en vous un questionnement réel et enrichissant, aussi subtil qu'il puisse être.

Durant plus de quarante ans, j'ai joué au sauveur tout en l'ignorant. J'ai trouvé en ce rôle des gratifications passagères, des frustrations, des raisons pour me juger et pour juger. Finalement, un bilan peu glorifiant au point de vue personnel, jusqu'au jour où j'ai reconnu et identifié la présence du triangle «sauveur-victime-bourreau» et son impact dans ma vie. Quelle merveille que la conscience!

J'ai exploré ces aspects de moi et j'en ai retiré un grand mieux-être. De ma recherche, je vous partage quelques bribes, espérant encore une fois vous apporter matière à réfléchir... simplement.

Ceux d'entre vous qui connaissent mes livres ou ont suivi mes ateliers, savent que la plus grande blessure de ma présente incarnation fut de me sentir abandonnée. Comme ce senti était déjà présent dans le sein maternel dès la conception, il me fut facile de développer tôt des attitudes, des traits de personnalité, des comportements pour éviter que la souffrance de l'abandon récidive dans ma vie.

Vous pouvez ici remplacer *la blessure d'abandon* par celle du rejet, de l'insécurité...peu importe, selon votre bagage personnel, afin de créer un parallèle pouvant vous aider à comprendre d'où viennent vos attitudes de sauveur.

Ainsi, le petit enfant blessé peut déjà ressentir le besoin de se protéger, besoin qu'il renforcera durant sa vie de diverses façons, jusqu'à ce que son cheminement l'aide à y voir plus clair.

Pour ma part, j'étais très jeune lorsque j'ai choisi de servir et de m'oublier pour recevoir de l'affection, de la gratitude, de l'attention et de l'amour. Croyant mon abandon relié au fait que je ne devais pas être perçue comme aimable ou intéressante, j'ai choisi de tout *faire* pour m'attirer l'acceptation et la reconnaissance des autres. J'étais dans l'ombre de mon identité. Je ne me reconnaissais pas moi-même et je ne retenais pour valeur personnelle, que celle qui m'était accordée de l'extérieur. Comme estime de soi, on peut trouver mieux; c'était loin de nourrir la confiance et la sécurité!

Petite fille, je jouais au sauveur en ne prenant pas ma place ou en la cédant. Je permettais ainsi aux autres d'occuper la place car je ne voulais pas blesser ni déranger. Bien sûr, une partie de moi espérait plaire aussi. C'est un peu comme ça qu'agissait également la victime en moi. Non instruite de ces présences silencieuses, celles-ci influençaient mon action et mes choix.

Je voulais *faire tout parfaitement* pour éviter d'être grondée, de provoquer de la colère chez l'autre. Cependant, je ne me doutais pas que je nourrissais déjà une colère en moi, laquelle j'ai longtemps refoulée et contrôlée. Me taire, éviter de m'exprimer, refuser de voir mes goûts, mes désirs, mes besoins, pour permettre aux autres d'être bien et heureux. L'étaient-ils vraiment?

Furtivement, j'étais entrée dans la dynamique de la dépendance affective. Ayant besoin de me sentir utile, j'étais heureuse si les autres l'étaient. Lourd contrat que j'ai tenté de respecter de tout mon être ma vie durant!

J'étais aussi dépendante de la reconnaissance d'autrui, de leurs opinions et de leurs accords. Je cherchais à éviter l'abandon et la colère en entrant dans le rang. Je protégeais à ma façon.

À l'école, c'était facile pour moi. J'aimais les études, le silence. J'avais de bons résultats, ce qui me permettait parfois d'élever mon estime personnelle. J'étais plutôt exigeante cependant. Je plaçais la barre haute, comme on dit chez-nous. Première de classe, je recevais les étoiles, mais je n'ai pas souvenance d'une fierté démesurée, car je ne voulais pas faire souffrir mes compagnons et mes compagnes qui avaient travaillé fort eux aussi. En moi agissait la dualité entre: être heureuse et l'exprimer librement et mon besoin *viscéral* de rendre les autres heureux.

Cette attitude m'habita tout au long de mes études. J'aurais voulu continuer toute ma vie à acquérir des connaissances dans des domaines complexes tels la biologie, la médecine, la philosophie, car j'étais heureuse dans ma bulle d'illusions. Celle-ci me coupait de ma souffrance personnelle en me plongeant dans le tourbillon de la recherche d'objectifs concrets.

Très jeune, vers l'âge de sept ou huit ans, je voulais devenir enseignante. J'avais l'impression que par ce que je transmettrais, je pourrais apporter de l'aide. Toutefois, je constate maintenant en observant ces pages passées de ma vie, que je m'attribuais les échecs de mes *élèves invisibles* ou partenaires de jeu, lorsque je m'amusais au *jeu de l'école*. Mon autojugement était fort critique. Ce n'était pas que la recherche d'excellence qui soutenait mon action, mais un besoin d'être parfaite!

Que d'énergie gaspillée inutilement et que d'obstacles à l'équilibre!

Le sauveur au travail

Je me rappelle aussi que je voulais devenir missionnaire. En effet, l'esprit religieux était très vivant là où j'habitais. Ma grande tante, une sœur de ma grand-mère maternelle qui avait accepté de prendre soin de moi dès l'âge de trois jours, était une femme pieuse et d'action. Je dirais même avant-gardiste pour son temps. Elle avait toujours trouvé des solutions à ses nombreux problèmes et, à sa façon, contribuait à aider la communauté, quoique nous n'étions vraiment pas à l'aise financièrement.

N'ayant pas eu d'enfant, elle avait aidé plusieurs familles en adoptant, pour des périodes plus ou moins longues, un de leurs enfants afin de soulager leur misère familiale. Elle leur enseignait à cuisiner, à coudre, à s'organiser et elle était fort rigoureuse sur les études. Elle en faisait de *bonnes ménagères* ou de *bons gars à épouser*, comme on disait dans le temps! À ma connaissance, elle n'a eu qu'un fils reconnu comme le sien, par les liens légaux de l'adoption. Il se prénommait Pierre. Il est décédé de la tuberculose en bas âge. Elle en gardait un lourd chagrin. Elle disait toujours qu'il l'accompagnait comme un ange, un guide.

Cette vieille dame, Albertine de son prénom, était un personnage particulier. Toute menue et très ridée, elle dégageait à la fois un mélange d'austérité et de réconfort, une certaine fébrilité l'animait parfois, mais son ancrage était bien présent. C'était une femme-orchestre: cuisinière, ménagère, couturière, fleuriste, propriétaire à Cap-chat de la *Salle à manger Jeanne d'Arc* reconnue autrefois par les touristes américains comme une table de choix. Elle faisait des fleurs artificielles, en cultivait maintes sortes et organisait mariages et réceptions selon les règles de l'art et de l'étiquette.

À chaque été, des Pères blancs et des religieuses missionnaires en Afrique arrêtaient à la maison pour se reposer. L'air de la Gaspésie leur était suggéré par leur communauté, une fois par année. Ils aimaient le contact de ma grande tante.

Je devais être petite de taille car je revois des images, demeurées gravées dans ma tête: des belles tuniques blanches auxquelles était suspendu un chapelet fait de gros grains de bois vernis. J'aimais bien embrasser doucement le *Jésus* sur la croix.

De là s'est éveillé mon désir d'être missionnaire en Afrique. Mon esprit missionnaire, en fait, est toujours demeuré vivant en moi par la suite. Vers la fin de l'adolescence, j'ai dû faire un choix de carrière. Naturellement, je rêvais d'enseigner. Cela me fut refusé car pour accéder à ces études, je devais partir loin du village. Ma vieille tante s'objecta catégoriquement pour des motifs pécuniaires et d'insécurité.

J'orientai alors mon choix vers la profession d'infirmière. Cette dernière répondait largement à ce besoin profond de contribuer au mieux-être, d'apporter de l'aide, du support et d'être sauveur, pour satisfaire ma recherche d'amour et me soustraire à la vision de la victime en moi.

J'ai eu à faire face à la notion de pitié et à la dépasser, mais ceci a pris près de vingt ans. Je ne connaissais pas non plus mes limites. Je donnais temps, attention, douceur. Malheureusement, des attentes étaient souvent présentes. Les ignorant, la perception que j'avais de mon travail se transforma graduellement en même temps que le réseau québécois de la santé changeait de couleurs.

Sans m'en rendre compte, je m'étais donnée un mandat: relever le défi de donner la meilleure qualité de soins afin de me sentir utile, avec bien sûr l'intention que les autres, patients et familles, soient heureux.

Il m'arrivait même de me sentir coupable lorsque les services n'avaient pas ou ne pouvaient pas générer satisfaction. Je vivais de plein fouet ce qui appartenait aux autres. Au fil du temps, ce fardeau devint lourd sur mes épaules. Le sauveur en moi avait besoin d'en faire plus, d'accumuler davantage de responsabilités pour essayer de se sentir apprécié et aimé. Je dépassais souvent mes capacités physiques en refusant de demander de l'aide pour effectuer une tâche plus lourde, par exemple donner un bain à une personne obèse, changer son lit alors qu'elle l'occupait, pousser de lourds objets etc. J'évitais de demander, refusant l'idée que mes consœurs et confrères soient dérangés ou se sentent obligés de venir me porter assistance. Je croyais que c'était la meilleure façon d'agir pour moi.

Je répondais ainsi à mes croyances profondes et comme il nous arrive ce qu'on croit et non ce qu'on veut, imaginez le tableau! Plus le temps passait et plus la fatigue, le stress, les malaises et mon mal de l'âme grandissaient.

Le sauveur social

Parallèlement, dans ma vie de femme et de mère, j'étais également très active. Siégeant sur divers comités, en occupant des fonctions attribuées par les membres, j'en acceptais la responsabilité et m'y engageais avec sérieux et détermination. Je me faisais un devoir de respecter les objectifs, les échéanciers et accroître le rendement de productivité, visant toujours la satisfaction d'autrui. C'était une autre façon de nourrir le sauveur en moi et de me prouver que j'existais.

Dans mon cercle d'amis, j'étais le clown. Mais le clown était triste au fond de son âme. Je savais les faire rire par des blagues, des gestes, des chansons. J'étais l'oreille et la solution, j'en trouvais toujours une pour sortir les autres du pétrin. C'était presque devenu *ma marque de commerce*. Lorsque leur vie allait mal, ils référaient à moi afin que je les aide à traverser les passages difficiles. Ainsi, je me suis occupée de plusieurs vies amoureuses, réconciliations, médiations, recherches d'emplois, hébergements, approvisionnements en nourriture. Je me suis même occupée de trouver des refuges pour des animaux! Tout y passait sauf l'argent à prêter car j'en avais peu. Les sujets de l'argent et de l'abondance seront d'ailleurs les thèmes d'un prochain livre.

Le sauveur qui se donne

Le rôle de sauveur m'a donc collé à la peau par diverses étiquettes. Il s'est transformé au cours de ma vie et j'arrive maintenant à le vivre avec équilibre.

Le profil du sauveur est souvent caché derrière le besoin de protéger et/ou de surprotéger. Un manque de confiance en soi nourrissant l'insécurité génère ce type de comportement. Nous pouvons éprouver de l'assurance au travail, s'y sentir reconnu ou rechercher cette reconnaissance qu'on croit due. Par contre, en silence, seul avec soi-même et notre âme, nous pouvons avoir peur de perdre, de se tromper, d'être jugé en proclamant notre identité profonde et nos choix.

Surprotéger peut devenir un lourd fardeau pour nous-mêmes et les autres. Il est nécessaire qu'un équilibre s'installe dans nos relations, que celles-ci soient des liens amicaux, familiaux, sociaux et même auprès d'animaux ou de biens matériels... Ne souriez pas, cela existe!

Au fond, c'est vouloir empêcher que les autres souffrent et nous renvoient l'image de notre propre souffrance. Le prix à payer dans ce genre d'attitudes est élevé, car il s'appelle l'autonomie!

Dans *Passeport pour l'équilibre*, je traite largement du chemin véritable de l'autonomie. Celle-ci n'est pas la capacité de s'assumer financièrement ou de gagner sa vie, mais plutôt notre libre relation avec notre pouvoir personnel. Être en contact avec notre pouvoir intérieur permet de chercher à identifier qui nous sommes vraiment et encourage à passer à l'action de *choisir*. C'est le chemin d'apprentissage pour devenir maître de notre vie et pour cesser de vouloir la contrôler.

Nous ne pouvons pas changer les autres, encore moins vivre les choses à leur place. Par contre, nous essayons souvent de minimiser leurs risques, pensant ainsi les aider. Par un sentier différent, *ces autres* auront à rencontrer leurs expériences tôt ou tard. Accepter que ceux que nous aimons soient parfois déçus, contrariés, agressés ne peut que renforcer leur pouvoir personnel et leurs racines. Pour traverser sainement les épreuves, rien ne sert de se battre, de condamner, de critiquer mais il s'avère essentiel de porter assistance, en enseignant le respect, la justice, le pardon, le détachement, le dépassement... Ces obstacles deviennent alors des pierres pour ériger et construire une vie dans laquelle la clarté dissout l'illusion et le contrôle.

Il y a aussi le besoin de surprotéger une personne qui se sent menacée et craint de ne pas être à la hauteur. Ce sont des situations passées qui ont laissé des traces indélébiles dans le cœur. La plupart du temps dans l'ignorance des blessures inscrites en nous, nous réagissons ou développons des patterns pour éviter de souffrir. Les conséquences sur les autres peuvent créer et nourrir en eux des schémas semblables, particulièrement chez nos enfants. Cela peut entraîner une dépendance affective pouvant amener l'individu à réagir à son manque passif d'autonomie, en développant des formes physiques de dépendance tels la cigarette, l'alcool, l'argent, les aliments, les drogues... La plupart du temps, l'escalade s'installe.

De grâce, ne vous culpabilisez pas si vous vous reconnaissez dans le sauveur et que ces maux rôdent dans votre entourage proche. Nous sommes des outils d'évolution les uns pour les autres. Nos manières d'être, de faire et d'agir servent l'un et l'autre. Ce qui est important, c'est de se rendre compte que ces dynamiques relationnelles existent et de choisir de s'améliorer pour ensuite apporter ces fruits aux autres.

Autre matière à réflexion: comment quelqu'un qui peut nous paraître fort, rassurant, peut-il être aussi fragile, vulnérable et avoir peur? C'est justement pour éviter de se sentir faible ou de le paraître aux yeux des autres que le sauveur, dans son rôle, se prendra aussi au piège de la dépendance.

Au début, son rôle lui apportera un soulagement à travers les petites choses du quotidien pour aider sa famille, ses enfants, ses amis, ses collègues de travail, sa communauté... Cela peut durer plusieurs années avant qu'apparaissent des symptômes de fatigue, de stress, d'épuisement ou de maladie. Ces symptômes lui permettent inconsciemment de fuir cette étiquette de sauveur, de missionnaire, de pourvoyeur. Mais le sauveur est *contrôlant* à sa manière. Souvenez-vous, il a endossé ce pattern pour se sentir vivant en étant utile pour les autres.

Donc, un tel passage peut angoisser le sauveur et nuire à son équilibre. S'il ne décode pas le pourquoi de son besoin de sauver, il pourra quand même récupérer d'une dure chute. Cependant, d'autres expériences l'attendront plus loin, souvent plus fortes, qui le guideront vers une conscience nouvelle, une vision éclairée de sa vie et un choix de guérir du sauveur ou l'enliseront davantage dans son contrôle, sa colère associée à ne pas se sentir aimé tel qu'il est, sa colère de se sentir utilisé, de devenir une bouée, un support matériel ou affectif.

Las de vivre ainsi, il devra lutter pour sa survie ou mourir.

Il existe différentes façons de mourir. Certains marcheront vers le suicide en errant dans leur propre vie, se soumettant aux désirs des autres. Certains renonceront à la poursuite de leurs rêves pour être aimés ou vivre dans l'illusion de l'être. D'autres continueront de donner, jusqu'à s'épuiser totalement et nuire possiblement ainsi à leur santé.

D'autres développeront des déséquilibres qui généreront des problèmes de santé mentale et énergétiques.

Le grand danger est que le sauveur devienne un bourreau. Dépassé par la demande qu'il a pu, de diverses façons, encourager dans son entourage, il arrivera à ne plus être capable d'en satisfaire l'exigence.

Fatigué de ce passé chargé de responsabilités et d'amertume, il est dommage que le sauveur en vienne pour exprimer sa souffrance à devoir crier sa colère, lançant ainsi un appel à l'aide.

Il se produit une bascule parfois. Pour s'en sortir, le sauveur pourra passer d'un extrême à l'autre. Se protégeant, il cachera sa douceur sous des traits contrôlants, autoritaires. Il ira même parfois jusqu'à couper les vivres ou couper des ponts relationnels pour éviter de dire non.

Il peut aussi développer un détachement émotionnel démesuré face à ses proches. Cela n'enlève rien à l'amour qu'il éprouve, mais l'éloigne de l'obligation de répondre à une demande grandissante d'attentes qu'il avait lui-même créées involontairement. Le sauveur souffre en silence, parfois dans l'ignorance de ce qu'il est et vit.

Il passe à l'action dans divers domaines pour se prouver qu'il est quelqu'un mais la fatigue et la lassitude le rejoignent rapidement. Un désintérêt de ce qui pourtant l'enflammait auparavant prend place. Motivation et envie de créer s'endorment doucement et l'équilibre et la joie de vivre disparaissent.

En conflit à l'intérieur de lui-même, le sauveur se débat. La dualité est grande. Cela demande de *rechoisir* la vie, de briser à nouveau la coquille, de renaître. Mais voilà, en a-t-il le goût?

Donnant un coup de barre, il peut choisir de sortir de sa vie actuelle pour en modifier le parcours. Il peut changer d'orientation sexuelle, de carrière, il peut prendre sa retraite, quitter un nid familial, changer de mode de culture... Toutefois, ce qui au fond demeure non réglé reviendra et cette fois, il est fort probable que la bombe explosera, éclaboussant maladroitement, mais profondément, la dernière page de vie qu'il venait de bâtir et en laquelle il avait fondé l'espoir de respirer.

Le dicton populaire dit: *chassez le naturel et il revient au galop*! Le prix est alors plus élevé à payer pour dissoudre la souffrance générée, peu importe les plans: émotifs, matériels ou autres. Ces passages de vie sont des tournants marquants. Être capable de compassion se veut une des clés nécessaires pour sortir d'un tunnel conduisant vers une clarté enrichissante.

Le sauveur parent

Les rôle de mère et de père... Belles opportunités pour sauver!

Comme je désirais être mère parfaite, modèle idéal et vertueux! Mais voilà, à ma connaissance, il n'existe pas de manuel enseignant l'art d'être parents. Nous voulons tous être de bons éducateurs, de bons guides pour nos enfants. Nous entrons dans ce rôle de parents avec le bagage de blessures et de capacités, malheureusement trop peu exploité. Nous y allons à tâtons.

Nous souhaitons secrètement que nos rejetons soient des clones de nous mais en version améliorée. Parfois nous leurs faisons endosser les rêves que nous-mêmes n'avons pas su réaliser pour toutes sortes de raisons.

Je me rappelle avoir déjà pris tellement à cœur la réussite scolaire de ma fille que je me sentais stressée à sa place. J'étais convaincue que c'était la façon de faire. Ceci n'enlevait rien de son anxiété à elle. Au contraire, elle sentait mes inquiétudes et mes tensions et en interprétait un manque de confiance de ma part vis-à-vis ses capacités. Alors que je prétendais vouloir l'aider, j'augmentais son stress et l'insécurisais.

En fait, j'ai identifié plus tard que j'avais peur qu'elle vive l'échec, qu'elle ne réussisse pas. Au fond de moi, je portais la croyance que si mon enfant ne réussit pas à l'école, je ne suis pas une bonne mère!

D'autres exemples:

- mentir pour la couvrir dans des expériences anodines, par exemple pour l'excuser de ne pas avoir assisté à un cours de danse;
- prendre des décisions à sa place, sans valider non plus ses choix, pensant lui éviter des problèmes ou favoriser son mieux-être;
- la bousculer dans son horaire de peur qu'elle soit en retard et reçoive ainsi des réprimandes;
- lui interdire certaines sorties de peur qu'il se produise quelque chose de fâcheux, alors que ce n'était pas toujours justifié;

- faire des heures supplémentaires au travail pour augmenter le revenu familial afin de répondre à certains de ses besoins exprimés, pour lui éviter le jugement...

J'énonce ici quelques façons de faire qui furent influencées par l'aspect sauveur en moi. Je pourrais ajouter que le contrôle, par l'exercice de mon autorité, était davantage présent à cette époque de ma vie. Permissive mais sévère en contrepartie.

Dans *Le temps de lâcher prise*, je développe largement le sujet du contrôle versus la maîtrise de soi. Je suis bien heureuse que la souplesse soit de plus en plus présente dans ma vie, au fil des années. Maintenant je peux observer plus facilement le sauveur qui manifeste sa couleur dans mon rôle de mère et de grand-mère.

J'ai appris, à grands coups de leçons, à ne pas endosser ce qui ne m'appartient pas, à me détacher de mes émotions et réactions, du moins en grande partie. J'ai plus d'écoute, ce qui me permet de recevoir de l'intérieur une certaine réponse ou façon de faire ainsi que des mots à exprimer par une parole aidante et non pour essayer de sauver. Je sais accepter que l'identité des autres diffère de la mienne. Je subis de moins en moins le conditionnement issu de mes blessures passées. Ceci allège, je dirais même élève ce qui parfois me paraissait comme un lourd fardeau éducationnel.

À la lumière d'aujourd'hui, je peux dire que je ne savais pas ou parfois je n'osais pas Être, simplement. Je manquais de confiance en moi dans le rôle de parent particulièrement, rôle que j'ai toujours assumé seule. Vivant de l'insécurité, je m'accrochais à ce que je pensais être la meilleure manière d'agir, en protégeant certes, mais souvent en jouant au sauveur.

Il m'est même arrivé, à ce titre, de vouloir aider des copains de ma fille. J'étais sauveur et victime dans l'âme. Ceci colorait ma personnalité. Recevoir le *dumping* des autres était monnaie courante. Jusqu'à un certain point, cela me permettait de me sentir utile sur cette planète.

Vous est-il déjà arrivé de perdre en voulant sauver? Quel sentiment d'échec, d'impuissance!

Un jour, un beau jeune homme est entré dans notre vie. Un bel adolescent en pleine recherche d'identité. Il venait d'avoir quinze ans. Je me suis vite attachée à lui avec une vague impression de le connaître depuis l'éternité. Notre relation a graduellement pris une allure mère-fils, quoi que je n'avais vraiment aucune intention de jouer ce rôle.

Au fil du temps, je découvris qu'il souffrait beaucoup. Il se sentait victime de la vie. Il avait peu confiance en lui. Une certaine dépendance affective soutenait le besoin de consommer alcool et drogue, de manière non abusive, mais régulière toutefois. Il en faisait une utilisation modérée.

Il était très fragile, sensible et désorganisé devant sa vie à organiser. Sa peur de perdre était profonde. Pour éviter de rencontrer la souffrance, la manipulation était parfois sa forme de contrôle, sa porte de sortie. Quel jeu dangereux! Car à cet âge les manipulateurs risquent d'être exclus des cercles d'amitié. Lorsque le jeu se dévoile, la camaraderie des pairs se transforme en sentiment de rejet et d'abandon suite aux actes posés.

Ce jeune homme vivait l'illusion d'exister. Il ne se sentait pas reconnu pour ce qu'il était. Même à ce jeune âge, il lui devenait difficile de prouver qu'il existait. Il fuyait sa réalité ne voulant pas perdre la face; *le clown était triste.*

Je le pris sous mon aile. Puisqu'il était souvent chez-moi, c'était facile. Je ressentais son besoin d'affection et d'amour et je lui consacrais temps et écoute. Je lisais son désarroi. Parfois, il savait bien le cacher. Je l'incluais dans nos activités familiales et lorsque je le sentais fébrile, triste ou apeuré, je l'invitais à vivre des moments de sortie privilégiée ou autres activités qui, je le croyais, pouvaient l'aider. Je me sentais à l'occasion démunie devant sa souffrance, particulièrement lorsqu'il me disait qu'il souhaitait mourir. Avec ce que je possédais alors de connaissances, j'essayais de l'aider à trouver un sens à sa vie. Une grande blessure d'abandon était présente en lui, suscitant depuis l'enfance une colère qu'il arrivait à contrôler. Elle grugeait néanmoins son âme et sa vie. Il n'était pas austère, mais tendre et doux.

Je voulais le protéger. À un certain moment je crus important de partager les signaux d'alarme reçus. Démunie, je continuais dans ma solitude à porter ce qui semblait vouloir devenir une inquiétude croissante pour moi. Comment aider? Comment sauver? Je me préparais à consulter pour trouver d'autres outils, me sentant impuissante. Je ne savais pas jusqu'où cela pouvait aller.

Je crois que mon action fut d'apporter à ce jeune homme la joie et l'image de la beauté des choses de la vie terrestre. Je lui ai donné le sourire là où la tristesse régnait. Je lui ai donné le droit de dire là où le silence régnait. Je lui ai donné le droit de s'amuser là où la colère et l'autorité dévastaient sa vie...

Je n'ai pu le sauver. Un matin, il fut retrouvé pendu alors qu'il traversait une période sans histoire particulière de sa vie teintée toutefois d'insécurité! Il avait su créer l'illusion qu'il était heureux. Quel choc! Que de questions sans réponses.

Il avait dix-sept ans

J'ai évidemment rencontré la culpabilité: avais-je été assez loin dans mon rôle d'aidant? J'ai dû accepter que j'avais fait et donné selon mes limites et mes connaissances de ce temps-là. Ce processus de deuil prit plusieurs années et m'amena justement à regarder le rôle du sauveur sous un angle différent.

Il est important de demeurer humain et le cœur ouvert à autrui. Un *sauveur*, qui se découvre victime de cet aspect en lui, peut choisir parfois de se protéger en évitant de donner ou de créer une ouverture à l'autre.

Tout est dans l'équilibre.

Dans ce que nous sommes, nous pouvons apporter une contribution, à notre manière et dans une juste mesure, au mieux-être... le nôtre, celui d'autrui ou celui de la collectivité.

Pour m'être impliquée à fond dans une démarche auprès de ce jeune homme, j'ai senti l'échec en bout de ligne, la colère, l'impuissance. Je me suis jugée sévèrement même si les signaux de détresse étaient passagers et pas toujours évidents. J'ai eu le sentiment d'avoir été trahie, car je lui faisais confiance. Je me suis aussi sentie abandonnée. J'ai jugé la vie, je ne comprenais pas. Alors que je croyais avoir gagné la bataille pour lui, alors qu'il me parlait de son avenir, alors qu'un certain éclat de vie colorait son visage, il avait choisi de partir!

Je vous parle de lui, car je me sens guidée à le faire. Mes mots sont faibles pour décrire ses maux, les miens et ceux des gens qui l'aimaient. Je garde de lui de belles images, fier dans son costume de cadet ou dans son habit militaire blanc d'hiver. Je garde de lui sa joie dans nos moments de complicité et de partage. Je ne peux que parler pour moi. Les années ont passé. Il est et sera toujours en mon cœur.

Cette expérience et d'autres par la suite m'ont incitée à continuer à aider, mais non de sauver. C'est la capacité de se détacher au niveau émotionnel qui demeure la première force de l'aidant. Je connais maintenant la différence entre l'aidant et le sauveur!

J'ai ressenti longtemps sa douce présence. Lorsque j'en eu la connaissance, je joignis des rituels à mes prières présentes et passées pour l'inviter à aller vers la Lumière. De mon mieux, j'ai utilisé l'énergie du pardon pour aider à libérer les liens.

Les âmes qui se suicident errent dans les plans inférieurs. Dans le respect de l'âme qui choisit d'y demeurer ou de s'élever, nos prières et autres formes d'assistance vibratoire peuvent contribuer à l'aider à monter vers les plans de ressourcement.

Je retiens de ceci que *seul l'amour guérit;* si ce n'est ici, c'est ailleurs... **L'amour guérit!**

Le sauveur de la famille

Le clan familial peut aussi s'avérer un endroit fort intéressant pour un sauveur en recherche de travail. En effet, maints problèmes surgissent et plusieurs victimes n'attendent qu'une main tendue. Si certaines d'entre elles en profiteront pour se renforcer et guérir, d'autres déposeront la responsabilité de leur mieux-être sur l'autre.

J'ai connu des professionnels de la santé qui par leurs titres, disposaient d'une crédibilité ou d'un pouvoir plus large aux yeux de certains membres de leur famille. Ainsi, lorsque des décisions médicales importantes relatives à la santé d'un parent, d'un frère ou d'une sœur étaient à prendre, un mandat de décision leur était rapidement confié. Quelques fois, ces personnes furent valorisées dans leurs actions et à d'autres moments, elles furent froidement critiquées, et le mot est faible pour traduire la souffrance engendrée.

Voulaient-elles aider ou sauver? Cherchaient-elles à plaire, à ne pas être authentiques avec elles-mêmes en endossant un tel mandat? Étaient-elles secrètement victimes derrière le sauveur? Voulaient-elles être aimées et reconnues? Ne voyaient-elles pas en cette tâche une occasion de prouver leur utilité?

Mais voilà, encore une fois, il nous arrive ce que nous croyons et non ce que nous voulons! Si la personne croit que sa famille ne la reconnaît pas à sa juste valeur, il risque de se produire des événements et réactions qui appuieront sa croyance. Donc: vigilance, clarté, reconnaissance des limites, expression des émotions et détachement afin d'éviter le piège de la superwomen ou du superman qui finira par écraser, seul, sous le poids de la souffrance.

Le sauveur dans le couple

Il y a aussi le sauveur dans le couple. Celle ou celui qui initie les projets, gère la vie sexuelle, réglemente la communauté et s'oublie pour sauver conjoint, conjointe et enfants. Je parle ici non pas du soutien, de l'enveloppement sain, du rôle de guide ou d'aidant, mais plutôt du besoin viscéral de prendre en charge les problèmes de l'autre, d'en assumer la responsabilité.

Il est reconnu que les domaines de la sexualité et de l'argent ont parfois des conséquences fâcheuses sur les couples et la famille, lorsqu'ils deviennent des boulets ou des obstacles à l'harmonie. Ils bloquent l'énergie de vie et l'empêche de circuler plus librement dans le noyau familial. Peu à peu, ceci crée des lourdeurs difficiles à percevoir au début. Malheureusement lorsque les symptômes sont plus apparents, il faut des interventions rapides et énergétiques pour pallier au manque et régénérer la structure affaiblie des gens impliqués, ainsi que celle de la bulle familiale.

Dans le domaine de la sexualité, il n'est pas rare que la femme prenne sur ses épaules de sauver un couple. Elle ouvrira des dialogues, cherchera de l'aide, fixera des rendez-vous chez un thérapeute, pour elle et/ou pour le couple...

Du côté de l'argent, c'est plutôt monsieur qui naturellement prendra les responsabilités de régler la plupart des problèmes financiers. Je fais référence ici à ce que je constate en général. Je suis en mesure de vous dire que le contraire existe aussi dans un champ d'action ou dans l'autre.

Il est de part et d'autre, intéressant de regarder le problème et d'évaluer jusqu'à quel point chacun est prêt à investir pour contribuer à retrouver ou maintenir l'équilibre. Derrière ces problèmes, peuvent se cacher des blessures profondes qui conduiront à des choix déchirants ou même à une rupture. L'un ne peut pas traîner l'autre comme un boulet. À la longue, ils perdraient mutuellement davantage d'énergie. Il est inutile de vouloir sauver sans d'abord voir clair en soi. Sauver une image, un paraître, un statut... peut risquer de détruire la vie, la sienne et celle des autres.

Là encore, il faut remettre la responsabilité à chacun, en exprimant ses préférences bien sûr et demeurant sans attentes. *Lâcher prise, n'est pas laisser aller.* C'est la capacité de s'abandonner à ce qui est le plus bénéfique pour soi et les autres. Cela demande d'aimer sans condition. Chacun demeure autonome pour contribuer au mieux-être du couple ou familial, en apportant d'abord avec lui le goût d'avancer et en allant chercher des outils pour agir sur la situation.

Le sauveur de la planète et des âmes

J'aborde maintenant le thème du sauveur de la planète et des âmes. Tâche considérable! Particulièrement parce qu'elle ne fait référence à rien de tangible. Il s'agit ici du mystère, de la puissance de la magie de l'amour, de forces invisibles qui gouvernent l'univers.

Certaines personnes peuvent facilement s'y détruire obtenant comme résultat de ne plus se sentir heureux. Ce sont des *missionnaires* modernes. Ce travail est précieux, mais demande d'être *rechoisi* régulièrement et de demeurer bien ancré à la Terre.

Il est nécessaire pour accomplir une œuvre de service répondant à une mission personnelle d'âme, de faire en soi un travail de nettoyage pour faciliter notre capacité d'entrer en contact avec notre pouvoir intérieur, notre force. Cela prend un temps: des mois, des années. Une grande transformation personnelle s'en suivra. Choisir l'amour et non la peur! Il est important de se sentir heureux sur Terre et de s'accomplir dans l'action terrestre, sans attente, ni dans l'utilisation du pouvoir pour contrôler.

Pour mener à bien sa mission d'âme, il est impératif de se reconnaître digne de servir, non dans l'ego, mais dans l'amour et avec équilibre. Certains signes sont des indices invitant l'individu à reconsidérer son choix de servir: essoufflement, irritabilité, insomnie, perte de la satisfaction du travail, de la joie de vivre, de la spontanéité, manque de motivation, d'intérêt, difficulté à rester centré et à gérer le stress... Il est alors sage de prendre un recul pour réévaluer le mandat. Encore faut-il en connaître la teneur!

Il est facile, au nom de la mission d'âme, de se créer des illusions et ensuite de tomber de haut. Répondant à l'appel intérieur et après avoir rompu avec un passé aux couleurs du travail journalier, dans une sphère ou une autre d'activités reconnues, il est important de porter une vision, la plus juste possible, des choix à venir et des limites, car le travail au service de la Source est exigeant. Si l'individu n'est pas préparé adéquatement ou s'il désire contrôler, il aura de la difficulté à maintenir joie et équilibre.

Il n'existe pas de convention collective, pas de syndicat ni d'assurance-groupe. Il est noble de vouloir aider les autres, en autant que ce travail est exécuté avec sagesse. Ça risque de se gâter lorsque la personne concernée devient sauveur. Il y a danger de s'investir démesurément pour sauver l'autre et même de prendre sa souffrance.

Nous sommes dans une période où un nombre croissant de personnes ressent l'appel à participer à la guérison planétaire. Le chemin le plus simple pour répondre à cet appel est de débuter pour soi, une transformation qui nous amènera à nous sentir mieux dans notre peau. À chaque fois qu'un individu se sent plus heureux, ses pensées portent une charge positive. C'est comme une chaîne, une ronde d'amour qui circule alors autour de la Terre. Plus ce mouvement grandit et plus la lumière, la paix, l'harmonie se diffusent, atteignant les cœurs et divinement aide à la guérison de la souffrance. C'est la simplicité qui est la clé.

Évoluer grâce au sauveur en soi, en l'autre

Vous savez maintenant que nous pouvons être à la fois victime et sauveur. Ces rôles, nous les empruntons, selon les circonstances du quotidien. Tour à tour, nous portons le costume de l'un ou l'autre. Parfois nous changeons de tenue en l'espace de quelques secondes. Par exemple, ayant voulu bien faire, nous recevons le blâme, la critique, le rejet... Ainsi, nous passons rapidement de l'état du sauveur à celui de victime.

L'humain est certes complexe dans sa façon de vivre ses émotions. Le besoin de survie crée des mécanismes divers: de protection, de *trips d'ego*, de manifestations du contrôle sous différentes attitudes et comportements. Cependant, l'humain est magnifique. Il est le fruit du divin. À ce titre, il s'avère bénéfique de choisir de dépasser ce qui constitue notre *connu*, pour mieux en explorer la beauté et apprendre à utiliser avec sagesse nos capacités multiples.

Vivre en présence d'une personne qui a pour dominante l'aspect sauveur peut paraître sécurisant de prime abord. Toutefois, les comportements et attitudes de celle-ci peuvent devenir étouffants, silencieusement. Il est facile de laisser l'autre organiser, diriger, décider sans penser à valider nos choix; s'en remettre à ses connaissances sous prétexte de le valoriser, de le reconnaître ... Il devient risqué de créer et de nourrir la dépendance, l'insécurité et la perte de confiance en vous-même.

Plusieurs personnes se cachent ainsi derrière *le plus fort* ou *la plus forte*, évitant d'avoir à choisir. Pourtant, plus tard, elles blâmeront *leur bourreau* de prendre leur pouvoir. Rappelons-nous que nul ne peut prendre le pouvoir de quelqu'un, sans que ce pouvoir lui soit accordé, inconsciemment le plus souvent! Ceci se fait sans qu'on s'en rendre compte, en réaction aux blessures cachées. Le jour où nous commençons à observer ce comportement, alors nous pouvons choisir d'en sortir.

Que ce soit dans les relations entre parents et enfants, frères et sœurs, entre conjoints, amis, camarades de travail ou tout autre échange à l'intérieur duquel le protecteur agit inlassablement, il y aura tôt ou tard des symptômes qui indiquent une déficience dans l'équilibre relationnel. Ces échanges boiteux entraînent, dans la dynamique relationnelle, une mauvaise circulation énergétique. Cela a pour effet de potentialiser le développement de malaises, dépressions, burn-out, maladies... Mal-être de l'âme qui enclenche les mécanismes de survie pour chacun. Risquent de s'ensuivre l'éclatement, la confrontation, l'isolement ...

La mort d'une relation, par choix libre ou par conséquence subtile, est une opportunité de s'enrichir de ce qui y fut rencontré, en thèmes d'offenses ressenties, de souffrance et de forces aussi.

Sortir d'un conflit ou de toute autre forme de relations en dressant une barrière n'est pas sain. Au contraire, dans l'illusion de quitter l'autre, d'être libre, un lien énergétique puissant maintiendra entre deux ou plusieurs personnes, un échange vibratoire négatif qui se cristallisera. Des amas de charges négatives seront déposés dans diverses parties de la structure de chacune des personnes. Avec le temps, ceci se durcira, s'alourdira et encore une fois appellera à la dégénérescence de la santé.

Il est plus qu'important de s'observer et d'observer, afin de favoriser notre mieux-être. Découvrant notre identité véritable et choisissant de pallier à ce que nous considérons des faiblesses, il en ressortira un être transformé et heureux.

Utiliser le reflet du sauveur en l'autre est aussi une façon de regarder en soi comment nous manifestons ce même aspect, présent en chacun. C'est aussi l'opportunité de voir comment nous vivons la victime en nous.

Qui dit sauveur dit victime!

Quelques questions peuvent vous aider à découvrir la présence du sauveur en vous:

Vous sentez-vous responsable du bonheur de votre famille, de son harmonie?

Êtes-vous porté à répondre à des besoins, non exprimés, pensant vous rendre utile?

Jugez-vous le sauveur chez les autres: *il en fait trop, il décide tout pour elle, il pourrait la laisser se prendre en main, elle a tout cuit dans la bouche...* (à noter que le *il* inclut le *elle*)?

Cherchez-vous, sans vous en apercevoir, à avoir de l'attention, de l'affection en prenant soin des autres ou le faites-vous sans attente vraiment?

Avez-vous de la difficulté à laisser les autres vivre ce qui leur appartient?

Est-ce difficile de ne pas intervenir dans les décisions de vos proches, pensant leur éviter de souffrir?

Dans votre travail, respectez-vous vos limites pour éviter que quelqu'un (ou même la réputation de votre employeur...) perde la face?

Quelle est la reconnaissance que vous accordez à votre valeur profonde?

Avez-vous de la facilité à exprimer vos besoins et vos attentes ou préférez-vous répondre à ceux des autres?

Êtes-vous porté à contribuer monétairement, ou par votre implication, aux actions humanitaires ou autres organismes?

Comment vous situez-vous face au bénévolat?

Vous êtes fatigué. Vous arrive-t-il souvent de vous oublier pour aller reconduire une personne alors que celle-ci pourrait se déplacer de manière autonome?

Votre enfant a 14 ans, vous allez le conduire chez un ami. Êtes-vous inquiet malgré que vous sachiez que les parents de l'ami sont à la maison?

Votre enfant a 17 ans et quitte pour rendre visite à un ami en fin d'après-midi. Lui demandez-vous de vérifier avant de traverser les rues? Vous inquiétez-vous?

Votre profession fait-elle partie des services?

Ce questionnement a pour but de vous amener à une réflexion, simplement. Il est très généreux et louable, par exemple, de faire du bénévolat. Le tout est d'identifier si c'est le *sauveur* en équilibre qui agit ou si c'est pour répondre à un besoin d'être aimé et reconnu.

Certaines personnes sont plus habitées par l'esprit missionnaire que d'autres. L'époque actuelle amène de plus en plus de bouleversements émotionnels, et d'instabilité chez l'humain. Il est plus que nécessaire de voir clairement notre aspect sauveur afin d'éviter de nous noyer en essayant de sauver les autres et/ou la planète.

Toute expérience participe à notre développement personnel avant tout. Prendre le temps d'apprendre à se connaître ne signifie pas cesser de travailler ou d'accomplir *nos missions* individuelles ou collectives. C'est seulement jeter un regard plus ouvert sur notre manière d'agir et de penser, pour identifier ce qui nous motive.

Il est également intéressant de vérifier si la façon dont nous exprimons *notre sauveur* n'est pas sous le signe du *contrôle*. Si ce mot vous agace ou suscite votre intérêt à en connaître davantage sur ce thème, je vous invite à plonger dans *Le temps de lâcher prise*, avec un sourire!

Chapitre 3

LE BOURREAU

Définir le bourreau

Une longue réflexion a précédé les pages qui suivent. Je voulais éviter d'étiqueter le bourreau, inutilement. Il peut être facile d'accuser, de critiquer, de blâmer. J'ai donc tenté de me détacher le plus possible des émotions de mes propres expériences et de celles appartenant à d'autres à l'intérieur desquelles j'ai alimenté ma recherche.

Par ces lignes, je souhaite continuer autant à éclairer ma conscience qu'apporter à la vôtre mon humble contribution.

Que dit le dictionnaire du mot *bourreau*?

Personne qui martyrise quelqu'un, physiquement ou moralement.

Certains l'appelleront persécuteur, exécuteur ... Déjà, la vibration du mot bourreau provoque en soi une réaction. Cela contribue à intensifier, selon moi, notre travail personnel dès le départ. C'est pourquoi j'ai choisi d'utiliser le mot *bourreau* pour identifier cet aspect du triangle, présent aussi en chacun de nous, que ça nous plaise ou non.

Personne ne souhaite ou n'aime être un bourreau pour l'autre, du moins aux yeux de l'autre. L'amour existe fondamentalement en chacun et cela même chez ceux qui agissent intentionnellement pour détruire ou tuer.

Sur quoi peut bien reposer la violence physique ou verbale? Je ne trouvais pas de réponse pour me satisfaire entièrement, à travers ce que j'avais exploré du comportement humain *raisonné*. Il y a bien sûr des réactions qui sont la conséquence d'agression subie sous maintes formes. Cependant, j'ai découvert, en approfondissant ma quête, une relation entre l'âme et, encore une fois, notre identité en tant qu'individu vivant sur terre, l'ego ou la personnalité.

Il existe certains autres facteurs qui peuvent contribuer à faire ressortir l'aspect bourreau en soi et en l'autre. Pour n'en nommer que quelques-uns: le climat social, familial, la capacité de gérer son stress, le non respect de ses limites, la colère enfouie, la difficulté à vivre avec les autres, à s'accepter avec authenticité et à accepter que les autres sont ce qu'ils sont. Il y a aussi l'état de santé et la rencontre de problèmes d'argent, le deuil, les pertes et la difficulté à se détacher.

D'autres éléments encore peuvent contribuer à activer le bourreau: la température, une sexualité non satisfaisante, les diverses peurs du manque, le faible estime de soi, les blessures émotionnelles. Je pourrais allonger encore la liste, j'y reviendrai.

Qui n'est pas, à un moment ou à un autre de sa vie, soumis à de tels facteurs? Vous voyez donc qu'il est facile de glisser dans des comportements de bourreau sans s'en rendre compte. En effet, des réactions conséquentes découlent de l'exposition à ces facteurs. De plus elles peuvent s'intensifier davantage si la fréquence en est élevée. Il est donc risqué que le *bourreau* s'installe silencieusement pour devenir un profil plus *habituel.*

Au chapitre premier, je vous ai fait mention de quelques bribes de ma vie à l'intérieur desquelles je fus victime de violence. La plus grande conséquence a été, pour moi, d'avoir à reconstruire mon estime de soi. Dans mon histoire, les *bourreaux* de ma vie ont été le plus souvent des hommes. Lorsque le bourreau était joué par une femme, c'était l'aspect masculin en celle-ci *(autorité, taux de testostérone élevé)* qui soutenait le comportement.

Cependant, j'ai trouvé d'autres explications à la présence de ces dilemmes relationnels. Colorés de mon *je suis,* c'est avec simplicité, je le désire, que mes mots pourront vous éclairer. Si vous n'êtes pas d'accord avec mes propos, aucun problème. Nous avons tous le droit à notre propre opinion. Je vous invite à vous dire simplement: *et si c'était vrai*?

Profil type du bourreau

D'où vient le bourreau?

Si le bourreau peut facilement être repérable à travers des circonstances tangibles, tels des actes de tuerie, de vengeance, de terrorisme, de pédophilie, de violence verbale, du batteur, il peut aussi porter le chapeau du sauveur ou de la victime. Il agit dans toutes les couches sociales, peu importe son âge, son sexe, sa culture, sa religion. Même en bas âge, il se pointe déjà. Il peut provoquer beaucoup de dégâts avant d'être dépisté.

Il sera ensuite essentiel d'étudier les modes d'action qui génèrent ce comportement et certes de choisir d'en sortir. Cette démarche demande aussi de regarder notre propre rôle, nos tendances et les diverses manifestations à l'intérieur desquelles nous arrivons en face d'un bourreau. Depuis quand cela est-il présent dans notre vie? Comment agissons-nous devant le bourreau? Quelles sont nos émotions et nos réactions dans les échanges relationnels?

L'aspect bourreau peut amener l'autre à céder sa liberté et ce qui lui appartient, l'entraînant graduellement à l'aliénation de ses rêves et de son être.

Certains signaux ouvrent la porte aux bourreaux: La peur de perdre, l'insécurité, l'orgueil, la difficulté à se reconnaître, à se sentir digne, l'incapacité à se donner le droit de faire ou d'être. Ajoutons la crainte de ne pas être à la hauteur, la difficulté à exprimer nos besoins et opinions, les croyances limitatives, des états de culpabilité, de dépendance. Des marques laissées par l'abandon et le rejet sont d'autres cicatrices émettant des signaux invitant la venue du bourreau dans notre quotidien.

Ne pas oublier qu'il nous arrive d'être notre propre bourreau!

Vous le constatez, cette énumération de motifs supportant la présence du bourreau est très large. Certes, c'est une des raisons qui sous-tend la présence du contrôle dans le monde qui nous entoure, puisqu'une grande partie de ces fluidités de souffrance nous habite et que nous y réagissons en tentant de contrôler pour éviter de souffrir.

Saisissez-vous que nous devenons bourreau parce que nous avons peur? Nous entrons dans l'armure pour nous cacher de notre ombre croyant être libres. En mode de survie, nous jouons le bourreau envers l'autre et cela malgré la meilleure volonté du monde, car la guérison n'est point attenante à notre volonté de guérir. Elle fait référence à un processus qui exige ouverture, souplesse, beaucoup d'amour inconditionnel, persévérance et patience.

Pour l'autre, celui qui porte à nos yeux l'épithète de bourreau, il en est de même. C'est un besoin de protection qui enclenche les différents mécanismes inconscients de défense. Donc parfois, le bourreau attaque parce qu'il se sent vulnérable et faible. Il est en réaction à sa ou ses propres blessures. Il reproduit les comportements et attitudes en découlant, aussi longtemps qu'il ne s'aperçoit pas de la présence en lui du triangle «sauveur-victime-bourreau». Il pense avoir raison, comme chacun de nous, relativement à ce qu'il croit.

Comment se manifeste-t-il?

L'énergie du bourreau peut faire naître en votre esprit l'image d'un personnage dur, arrogant, insultant, grand et robuste, buveur etc. Cette vision est reliée à certains stéréotypes véhiculés dans notre société. Nous voyons souvent sur l'écran de nos téléviseurs ce genre de personne qui correspond à la perception visuelle que nous avons, en général, du bourreau.

Toutefois, sous les traits d'un être tranquille, sobre, sage, peut aussi dormir l'instinct du bourreau prêt à s'éveiller à tout moment.

Il ne suffit pour cela que un ou plusieurs facteurs énoncés précédemment en alimentent de manière excessive l'activation. Poussé hors de sa limite tolérable, l'ange se transforme en démon!

La science a tenté d'apporter une lumière sur les réactions du bourreau: taux élevé de testostérone, dysfonctions neurologiques, l'hérédité, le stress, les habitudes de vie, certaines autres pathologies ... Parmi cette énumération, la majorité des causes peuvent être retenues, mais l'être humain est composé d'un corps, d'une âme et d'un esprit. C'est donc subtilement à l'intérieur de ces trois composantes que se cachent les origines du bourreau, renforcées par les expériences de la vie.

Souvent, le bourreau est un *contrôlant*. Je désire porter ici à votre attention la nuance qui existe entre un leader et un chef. Le leader possède naturellement la capacité de créer des liens, de rassembler, de communiquer. Il a ce qu'on appelle du charisme. Il peut agir à tous les niveaux: personnel, familial, social. En général, un leader exerçant des responsabilités dans diverses fonctions saura conserver une souplesse dans sa façon de diriger les autres et d'organiser sa structure. Être leader ne s'apprend pas, c'est inné. Un leader peut devenir un chef, mais un chef n'est pas nécessairement un leader! Ce n'est pas un titre qui transforme l'individu mais un processus de développement personnel qui l'aide à potentialiser et à apprendre à diriger avec leadership. Je le répète cependant, cela ne fait pas d'un chef un leader.

Il est fréquent de retrouver le bourreau dans les rôles de direction, à n'importe quel niveau d'une hiérarchie organisationnelle. Il peut s'avérer que l'engagement en ces fonctions répondent à un besoin d'être reconnu, d'exercer une autorité, un pouvoir quelconque et cela la plupart du temps en répondant à une certaine attraction naturelle, inconsciente.

Dans mes ouvrages précédents, j'explore davantage le besoin de contrôler. Y faire référence, dans la couleur de mes propos, peut compléter l'information donnée en ces lignes.

Sous le chapeau du bourreau, divers aspects sont abrités. Les patterns retrouvés chez le contrôlant y sont présents, tels l'exercice du contrôle par l'indifférence, par la *victimite*, à travers les attitudes et comportements supportant le *trip d'ego*, par l'autorité, par la manipulation ...

Le bourreau indifférent

Souffrir de l'indifférence, se sentir ignoré par l'autre est difficile à vivre. Chez certaines personnes, cette attitude éveillera un besoin d'attaquer et de confronter; pour d'autres, le repli sur soi, la tristesse, le besoin de se faire petit seront des façons de réagir à l'indifférence.

Une personne donnant l'impression d'être très indépendante peut cacher l'indifférence et la colère. Utiliser son pouvoir personnel pour décider de contrôler, de fuir ou de s'éloigner, n'est pas considéré comme une façon saine de vivre l'exercice du pouvoir. La personne blessée souhaite se protéger ainsi. Il est intéressant d'observer la situation attentivement, sans juger. Il sera alors plus facile de laisser la compassion habiter nos cœurs.

La façon dont l'indifférent agit, par le contrôle, est de maintenir un lien énergétique entre lui et une autre personne avec laquelle il est en désaccord. Cette seconde personne (ou parfois même un groupe) sera alors souvent portée à penser à celui qui adopte l'indifférence comme réaction. Cette personne pourra développer de la culpabilité, se remettre en questions... Ainsi, l'indifférent maintient un contrôle sur le pouvoir personnel de l'autre en se nourrissant de son énergie vitale. C'est un jeu d 'alchimie.

Même si un individu plus conscient, bien ancré à la terre, arrive à se couper des effets de l'indifférence de l'autre sur lui, il est conseillé de demeurer vigilant. En effet, peu à peu la répétition des comportements de l'indifférence par le bourreau, risque de nuire au maintien de l'équilibre et de générer des états de victime.

Amusant: la victime répondra! Parmi les possibilités réactionnelles, il existe celle de revêtir à son tour le costume du bourreau!

Peut-on inclure le tempérament du boudeur dans l'indifférent? Selon moi, oui, puisque bouder est une forme de retrait. Réagir par la bouderie se veut un mode d'expression du contrôle par de l'indifférence.

L'indifférent *pur* peut aller jusqu'à faire ressentir à l'autre qu'il ne vaut rien. Par l'indifférence, l'individu s'approprie l'énergie de l'autre et ce dernier, devenant victime, vivra des émotions non bénéfiques et entrera dans des états lourds à assumer, rappelons-nous cela. Et la colère dans tout ça? J'y reviendrai.

Le bourreau victime

Le premier chapitre a traité abondamment des origines de l'attitude de la victime. Je serai donc brève dans le traitement du bourreau victime.

Disons cependant que l'exercice du contrôle par les comportements d'une victime est difficile à déceler. Les gens qui gravitent autour d'elle peuvent avoir besoin d'un certain temps ou de vivre une somme croissante d'expériences avant de s'apercevoir de la présence du triangle dans la relation.

La manière d'agir du bourreau victime est subtile. L'expression de plaintes jusqu'à l'utilisation habile de la manipulation, sont des actions entreprises par le bourreau victime. L'objectif est de se nourrir de l'énergie de l'autre ou des autres. Nous avons tous nos failles personnelles et le bourreau victime en connaît les portes d'entrée, il les *sent*. Les jeunes enfants développent naturellement cette capacité de lecture vibratoire.

Quelque soit la manifestation du bourreau victime, par exemple par les pleurs, la maladie, les diverses formes de *manque*, celui-ci exercera du contrôle. L'autre pourra, s'il n'est point conscient du jeu des rôles, réagir par le sauveur, devenir victime ou laisser s'activer en lui-même le processus menant à l'épuisement et à la colère. Un futur bourreau est à prendre naissance!

Le bourreau sauveur

Vous est-il déjà arrivé de vous sentir sous l'emprise d'une personne qui dit connaître le meilleur chemin à suivre pour vous? Quelles émotions et expériences avez-vous alors vécues? Aviez-vous le sentiment d'être impuissant sous cet *enveloppement* directif et même parfois autoritaire?

Bien sûr, le sauveur pense agir intentionnellement pour le bien de l'autre. Parfois derrière ce prétendu *bien*, peut se cacher la peur d'être jugé, de ne pas être à la hauteur, de perdre la face etc.

Le bourreau sauveur peut même devenir épuisant et lourd à supporter. La personne qui en est victime peut arriver à se sentir harcelée, emprisonnée. *Voulant bien faire*, notre bourreau renforcera le contrôle, sera même directif ou autoritaire.

Lorsque le bourreau sauveur ne sent pas son action accueillie par l'autre, il augmente sa pression sur sa victime en devenant le bourreau indifférent, en étant victime lui-même, qu'il reconnaisse ou non cet état en lui.

Garder l'œil ouvert sur le triangle aide à équilibrer nos relations. Personne n'est à l'abri des émotions mal canalisées et des réactions engendrées pour exprimer la souffrance ressentie, n'est-ce pas?

Le bourreau autoritaire

Je me suis déjà demandée si certaines personnes n'étaient pas nées pour ne jouer que le rôle de bourreau.

Maintenant, je sais que nous sommes tous en action-réaction dans le triangle «sauveur-victime-bourreau». Nous avons tous cependant l'un de ses aspects plus dominant en nous. Heureusement, lorsque nous en devenons conscients, en apprenant à nous connaître mieux, nous pouvons transformer notre relation avec soi et les autres, à l'intérieur de ce triangle.

Pour divers motifs, une personne manifeste plus de rigidité et d'autorité qu'une autre. Craignant de reconnaître et d'explorer sa propre vulnérabilité, le bourreau autoritaire se cachera sous des costumes de bienfaiteur autant que de chef disciplinaire. Il n'a appris à exercer sa douceur que lorsqu'il se sent en contrôle de son environnement et non menacé. À défaut de ceci, il lui est difficile de s'ouvrir, de peur de se faire avoir, de perdre, d'être abandonné ou rejeté, de vivre de l'insécurité, d'être jugé.

Ainsi graduellement, le bourreau autoritaire se renferme dans des mécanismes de défense et de protection pour éviter de souffrir. Une grande sensibilité peut l'habiter, mais il préfère s'en éloigner, ne pas l'explorer. Le sauveur autoritaire est souvent du type cartésien, rationnel. Il s'accroche à ses idéaux, à ses croyances, à ses valeurs pour éviter d'aller dans des champs inconnus où il risquerait de perdre le contrôle et de se faire blesser.

Le bourreau autoritaire souffre beaucoup. Nombreuses sont les raisons et les expériences anciennes qui influencent son présent et tendent à colorer son futur. Le bourreau autoritaire est impulsif et comme on dit en Gaspésie: soupe au lait! Il est susceptible, n'apprécie pas vraiment la critique et garde le focus sur la vision qu'il a de la vie, de ses objectifs et de ce que devrait être le mieux-être pour lui et les autres.

Le bourreau autoritaire est parfois perfectionniste, telle la victime qui, elle, a adopté cette voie pour recevoir attention et amour. D'autres bourreaux autoritaires ont peu ou pas de sens critique, errent sans but précis tout en étant directifs.

La société encourage en quelque sorte le bourreau autoritaire. Je prends un exemple chez les enfants. Dans notre système éducationnel, les critères et exigences de rendement sont élevés. Que ce soit dans les sports, à l'école ou dans le milieu familial, l'orgueil des parents est mis à l'épreuve devant la masse croissante des objectifs à atteindre pour arriver à se juger *bons parents*. Dépassé parfois devant la lourdeur des exigences, le bourreau utilise l'autorité. Il y voit une issue pour atteindre ses objectifs de parent et aider l'enfant à être accepté et aimé dans ses champs d'activités.

Les blessures anciennes ont laissé des cicatrices derrière lesquelles la colère est présente, silencieuse ou exprimée démesurément, mais en terrain propice!

La colère est une émotion puissante. Elle se veut une énergie très forte. Lorsqu'elle est projetée avec haine, elle détruit jusqu'à l'estime de soi. Cependant, il est avantageux de découvrir les méandres de notre colère (nous en avons tous) pour apprendre à la gérer sainement et de manière constructive.

Les blessures qui ont généré la colère sont responsables de diverses manifestations comportementales adoptées par un individu. Le plus souvent, c'est inconsciemment que ces dernières se sont attaquées au pouvoir personnel de l'individu, l'affaiblissant à un ou des moments de sa vie, particulièrement en bas âge. Ces souffrances teinteront son futur, dessinant en lui des modèles conditionnés et aliénants lui permettant de survivre aux méfaits de sa colère.

Divers patterns découlent de la relation que chacun a avec sa propre colère: l'autorité parentale, la vengeance, les modes d'expression du contrôle, suggérer à l'autre comment agir, quelles paroles dire ...

Le bourreau autoritaire n'hésitera pas à user de violence verbale et même physique. Au début, c'est souvent les propos directifs et les accusations qui grimperont rapidement en flèche, jusqu'à passer aux actes de violence physique: serrer les bras, gifler, utiliser menaces, armes, coups. Tout ça pour éviter de souffrir!

Le bourreau autoritaire a de la difficulté à doser sa colère. Lorsqu'il dépasse ses limites personnelles, qu'il devient anxieux, tendu, il est alors plus susceptible d'exploser en voulant se protéger. Il peut se sentir facilement attaqué, alors il demeure sur la défensive, en alerte. Il analyse propos et gestes et en interprète le contenu, relativement à l'impact de ses blessures sur lui-même. Il déteste se sentir fragile, impuissant ou vulnérable. Pour contrer ces états intérieurs inconfortables, il fuira, jouera l'indifférent, la victime même ou montrera les dents.

Ces comportements demandent beaucoup d'énergie et fatiguent le système nerveux. Le corps physique répond à ces stimuli. Il n'est pas rare que le bourreau autoritaire souffre de problèmes digestifs, d'insomnie, de constipation, de douleurs articulaires, de pharyngites, de sinusites... Son dos devient un lieu du corps fort vulnérable.

Le ravage causé par la colère s'étend aux corps énergétiques. Chargé de la polarité négative d'une colère mal canalisée, le fardeau de vie du bourreau autoritaire s'alourdira graduellement. Se sentant étouffé de plus en plus, il réagira en cherchant la liberté sous différentes formes. Cependant, seul un travail d'accueil et de transformation de ce qui sous-tend sa colère pourra lui éviter des conséquences fâcheuses, comme le burn-out, la dépression, la maladie, les pertes ...

Le bourreau manipulateur

Souvent identifié comme un être pacifique, le bourreau manipulateur exerce son contrôle fort silencieusement. Il excelle dans l'art de diriger les conversations et le chemin de vie des autres. Pour faire passer son message ou exercer son contrôle, il n'hésitera pas à utiliser la ruse. Il est brillant et rapide.

Par exemple, laisser traîner une note ou un objet disposé avec doigté, fait partie des astuces utilisées pour que l'autre décode ses messages, parfois bien mesquins et contrôlants.

Le bourreau manipulateur manque souvent de reconnaissance pour lui-même et a un grand besoin de se sentir aimé. S'il exprime son contrôle par la manipulation, il faut y voir l'indice d'un personnage souffrant d'insécurité et de manque de confiance.

Souvent beau vendeur, il saura comment s'attirer la sympathie et créera la relation de confiance, se sentant alors en force dans cette relation. C'est lorsque le sentiment de ne pas être reconnu à sa juste valeur prendra place en lui, à travers les expériences, qu'il choisira de manipuler pour contrôler. Malheureusement cela appelle des interactions de part et d'autres et le climat de confiance peut se détériorer pour laisser place à l'énergie conflictuelle.

Les traits de personnalité donnent souvent lieu à un certain nombre de comportements pour l'expression de la manipulation. Si de tels comportements ne sont pas pathologiques et peuvent se manifester chez la plupart d'entre nous, au gré des circonstances, leur réapparition fréquente nuit à l'établissement ou au maintient de relations interpersonnelles à long terme.

Le bourreau manipulateur exerce *ses charmes* lorsqu'il vit un conflit entre ses besoins et la façon d'arriver à les combler. Il adoptera aussi ce stratège lorsque les besoins des autres entrent en conflit avec les siens.

Le bourreau manipulateur peut mentir, nier, rationaliser, philosopher. Si ses manœuvres sont en partie inconscientes, elles sont également en partie conscientes et délibérées. Un seuil bas de tolérance à l'anxiété fait de la manipulation un moyen d'assurer sa survie. Le bourreau manipulateur évite tout sentiment conscient de culpabilité, de colère. Il croit fermement avoir raison. Il peut avoir été trompé ou s'être senti trompé en bas âge et il craint ainsi de l'être à nouveau.

Le bourreau outil de l'âme

Il a été mentionné que le hasard n'existe point dans la rencontre de deux personnes. Si certains échanges en découlant sont sans particularité, d'autres deviendront fort significatifs, allant même jusqu'à occuper une large place dans l'histoire de nos vies.

Rappelons-nous une tranche de notre pré...histoire!

Il était une fois une âme qui se promenait dans les hauts plans de l'univers. Sans soucis, elle faisait partie du Tout, de l'espace. Le temps n'avait point d'emprise sur elle. Elle errait et se ressourçait.

Un beau jour, une voix grave l'interpella:

– Chère petite âme, il est venu le moment de t'offrir une chance inouie d'améliorer ton rayonnement.

La petite âme était étonnée de cet appel qui éveillait en elle un besoin de se transformer. La voix continua ainsi:

– Je suis un ange du Destin et il m'est demandé de t'inviter à assister au prochain Conseil d'Incarnation. À cette occasion, différentes opportunités d'évolution seront offertes aux âmes qui s'y présenteront.

L'âme accepta joyeusement l'invitation et le temps d'un éclair elle se sentie aspirer vers un lieu rempli de lumière et de douceur. Déjà, plusieurs âmes attendaient respectueusement le début de l'assemblée.

Un chœur d'anges entonna des mantras glorieux, puis arrivèrent les Sages du Conseil. Maîtres du karma, de l'incarnation, archanges et anges en faisaient partie. Sous l'invitation des anges du Destin, chaque âme était invitée à se présenter à la table des Sages.

Un grand moment, ce choix d'incarnation! Solennité et fébrilité vibratoire tapissaient cet espace de rencontre.

À son tour, notre petite âme s'approcha et réitérant sa demande pour accueillir l'évolution, elle écouta avec attention ce que le Conseil pouvait lui suggérer. Ceci deviendrait sa mission d'âme, son plan divin sur Terre.

Un mandat de service lui fut confié, ensuite un de guérison. Puis un encodage de son ADN vibratoire lui fut attribué. Ce dernier lui fournirait graduellement, selon ses étapes d'évolution sur Terre, des outils pour l'aider à développer certaines capacités cachées. Parmi ses mémoires anciennes, quelques-unes furent activées pour répondre à ses futurs rôles en tant que personnalité et être spirituel.

Heureuse que cette destination d'évolution fût la sienne, elle était pressée de prendre le chemin de la planète Terre. Un ange l'accompagna ensuite dans un espace autre, rempli d'étoiles. Elle fut surprise que la pensée commence à l'habiter et voulut jeter un premier regard sur sa propre forme. Quelle surprise de constater qu'elle était une Flamme d'étoile, une énergie de Vie en pleine transformation. Elle portait la lumière divine en elle et en émanait le rayonnement.

Puis à mesure qu'elle avançait dans cet espace, des guides lui furent présentés par les Forces de la Création. Chacun venait l'aider à revêtir tantôt une enveloppe, tantôt un trait de caractère... si bien que notre Flamme d'étoile se sentait de plus en plus lourde. Elle ne s'était pas aperçue qu'à travers l'espace sidéral, elle changeait de dimension, s'approchant de plus en plus de la Terre.

Un cycle de repos lui fut accordé afin de permettre l'intégration de ce bagage nécessaire à l'accomplissement de son voyage sur Terre. Cette période lui permit de faire la rencontre d'autres âmes qui, comme elle, se préparaient à l'incarnation. Certaines avaient déjà un corps défini, la conception l'ayant engendré, mais n'habitaient pas encore en celui-ci, la structure ayant besoin de purification.

C'est ainsi que notre petite Flamme rencontra une autre Flamme. Dès cet instant naquit entre elles une complicité sans fin. Se révélant l'une à l'autre, elles trouvèrent tellement bons leurs échanges qu'elles décidèrent de se revoir sur Terre pour s'aider à accomplir leur voie d'âme individuellement et mutuellement. Ces Flammes, devenues jumelles, étaient inconditionnellement les élues du cœur, l'une de l'autre, et s'engagèrent pour l'éternité à travailler ensemble pour servir l'évolution.

Elles choisirent de s'engager à tenir chacune des rôles afin de s'aider à atteindre leurs objectifs de guérison, de service et de développement de leur potentiel. Comme elles étaient emballées de servir ensemble, elles s'engagèrent à utiliser le thème du pouvoir afin de libérer le plus grand lot de souffrance karmique possible.

L'une et l'autre naîtraient dans une société ou le contrôle et le besoin d'exercer le pouvoir seraient très valorisés.

Leur personnalité entrerait en conflit pour provoquer, par des réactions diverses, le besoin de s'éveiller à la Conscience de la Divine Présence enfermée au creux de chacun d'eux.

Par les jeux de l'alchimie, elles seraient supportées au niveau vibratoire, provoquant l'éclat de l'ego pour se propulser vers la guérison.

Le hic dans tout cela, c'est qu'elles n'auraient aucun souvenir de leurs engagements d'âmes et devraient choisir l'amour, inconditionnel même dans les conflits et la distance. Elles étaient des âmes-sœurs de guérison, de libération karmique et d'accomplissement, encadrant un soutien mutuel qui là encore, serait source de guérison.

À suivre ...

Une bien jolie histoire, n'est-ce pas? Eh oui! Nous avons oublié notre essence profonde et nous sommes les acteurs aveuglés de nos jeux de rôles choisis. Les projecteurs de monde terrestre éblouissent les scènes de nos vies, nous obligeant à suivre un tracé étroitement entretenu par les formes pensées de peur et de contrôle.

Nous avançons vers la véritable autonomie, celle de l'âme, celle qui nous enseigne à devenir Maître de notre vie, uniquement lorsque nous commençons à découvrir la présence de notre propre lumière en nous.

Remercions ces âmes complices, âmes-sœurs ou pas, qui ont accepté d'endosser des manteaux de bourreaux, de victimes, de sauveurs pour nous aider à guérir et à évoluer; remercions-nous d'agir en ce sens comme outil sur cette planète.

Il nous sera plus facile d'accueillir diverses facettes de l'autre si nous acceptons d'en projeter le reflet sur soi. Cela nous permettra d'observer la place qu'occupent, en soi, ces mêmes facettes, dont pourtant nous ignorons ou préférons renier la présence. Cette énergie de souffrance est bien là, cachant nos blessures derrière un mur pour éviter d'avoir mal.

Une clé pour guérir: traverser le mur!

S'observer, s'utiliser mutuellement avec clarté et respect, pour avancer sur cette ligne. Cette ligne sur laquelle nous marchons tous, en avançant à un rythme personnel, vers un point devant, vers la lumière.

Chapitre 4

GUÉRIR

J'ai le goût de vous partager ici un texte qui m'a donné un jour matière à réflexion. Il s'agit d'un extrait d'un magnifique écrit: *Le Livre Tibétain de la Vie et de la Mort*. Sogyal Rimpoché en est l'auteur. Son contenu nous instruit de la sagesse bouddhiste dans toute sa simplicité.

La réflexion

La réflexion peut certes nous amener lentement à la sagesse. Nous pouvons nous apercevoir que nous retombons sans cesse dans des schémas habituels de comportement et aspirer alors de tout notre être à leur échapper. Bien sûr, si nous y retombons encore maintes et maintes fois, peu à peu, nous pourrons en émerger et nous transformer. Le poème suivant s'adresse à chacun de nous.

Autobiographie en cinq actes

1) *Je descends la rue.*
Il y a un trou profond dans le trottoir:
Je tombe dedans.
Je suis perdu ... je suis désespéré.

Ce n'est pas de ma faute.
Il me faut longtemps pour en sortir.

2) *Je descends la même rue.*
Il y a un trou profond dans le trottoir:
Je fais semblant de ne pas le voir.
Je tombe dedans à nouveau.
J'ai du mal à croire que je suis au même endroit,
Mais c'est de ma faute.
Il me faut longtemps pour en sortir.

3) *Je descends la même rue.*
Il y a un trou profond dans le trottoir.
Je le vois bien.
J'y retombe quand même ... c'est devenu une habitude.
J'ai les yeux ouverts.
Je sais où je suis.
C'est bien de ma faute.
Je ressors immédiatement.

4) *Je descends la même rue.*
Il y a un trou profond dans le trottoir:
Je le contourne.

5) *Je descends une autre rue...*

Cette histoire m'a aidée à mieux comprendre le processus de guérison. J'étais pressée de guérir comme je l'étais d'accomplir mes tâches ou mon travail. Je voulais être productive dans ma guérison. J'avais hâte de me sentir plus libre, sortant de ma prison d'illusions.

Mais voilà, je trouvais que ça n'allait pas assez vite. Les résultats tardant à venir, je pensais ne pas *faire* la démarche adéquate. J'ai donc compris à la lumière de cette histoire, qu'il y a un temps pour acquérir la connaissance, un temps pour l'intégration de celle-ci et nous amener à une transformation. Chose certaine, en identifiant notre souffrance, déjà celle-ci perd de son emprise sur soi. Un peu comme celui qui voit le trou et peu à peu apprend à en reconnaître la présence, pour finalement éviter d'y tomber.

Être ici et maintenant constitue le chemin le plus utile pour traverser les passages menant vers la libération. Aujourd'hui je construis demain! De là l'importance *d'être en éveil face à ce qu'on vit et ce qu'on ressent.*

Lorsque dans le présent je demeure dans la confiance et l'amour, je projette ces vibrations dans mon futur qui en sera teinté. Développer cette capacité d'apprendre à s'élever au-delà de nos misères, de notre état de victime est une garantie de bonheur à venir. Plus nous pratiquons cette méthode de penser et davantage elle s'enracinera en nous. Ainsi, lorsqu'il y aura des tempêtes, des bouleversements, lorsque des deuils viendront nous ébranler, il sera plus facile de nous remettre sur nos pieds avec équilibre. De plus, une grâce d'accompagnement nous est alors accordée. Comme un Soleil, elle vient nous envelopper pour nous dire que nous ne sommes point seuls ni abandonnés. L'accueillons-nous?

Les plus grandes forces de l'univers vivent aussi en nous puisque nous sommes une partie de ce Tout ...

Dans *Passeport pour l'équilibre*, je vous offre quelques outils: méditation, Reiki, visualisation, exercices énergétiques, channeling, mantras... J'ai retiré, et j'en retire toujours, de grands bénéfices à les utiliser. Si vous avez le goût, je vous invite à les parcourir dans mon volume précédent, car je souhaite éviter ici la duplication de l'information ou du moins en diminuer la somme.

Les moyens que j'utilise actuellement sont toujours ceux que *Passeport pour l'équilibre* vous dévoile. Je vous disais plus tôt que lorsque je suis en période d'écriture d'un article, d'un livre, j'en expérimente en parallèle le thème dans ma vie. L'année qui s'écoule a vu défiler maintes situations me touchant directement. J'ai eu alors souvent l'opportunité de *rechoisir* d'être victime. Devenant bourreau à mes heures, j'ai laissé en d'autres temps le sauveur agir en moi.

Je me pose maintenant cette question: qu'est-ce que j'aime le plus de moi maintenant? La réponse spontanée est ma *capacité à sortir du drame pour entrer dans le moment présent*. Cela m'aide à diminuer mon insécurité, mes peurs.

Je me sens davantage en relation avec le maître en moi. J'avance sur ce chemin. Il m'arrive de chuter, mais je choisis de me relever et de poursuivre ma route.

Certes, j'ai été une victime que la vie a généreusement baignée d'expériences souffrantes. Cependant aujourd'hui, je vis l'état de liberté de façon croissante. Je m'aperçois que même en voulant me sentir mieux dans ma peau, en allant chercher de l'écoute, du support, il me manquait quelque chose d'important: ma spiritualité.

Vivre notre spiritualité au quotidien est un art à développer.

C'est rassurant de sentir que nous ne sommes point seuls et que tous les éléments de l'univers collaborent à nous aider. De là l'importance de respecter la vie sous toutes ses formes.

Choisir d'intégrer ma spiritualité au quotidien n'intervient pas pour m'empêcher de m'amuser à mes heures et à ma façon. J'aime mon travail et je fais ce que j'aime. Au nom d'accomplir la *mission de l'âme*, il s'avère essentiel de ne pas rejeter notre vie terrestre. Créer l'harmonie entre les plans spirituel et terrestre demande de lâcher prise aux requêtes de notre personnalité, à notre rythme.

Toutefois, il est à éviter d'entrer dans des illusions, se faisant croire que le cheminement personnel et l'exploration de nos capacités *doit* passer *inévitablement* par une *saddhana* (pratique spirituelle) rigoureuse, le végétarisme radical, l'abstinence sexuelle ou la pratique d'exercices de méditation.

C'est assez pour dissuader une personne d'entreprendre *un ménage intérieur*. Je ne porte pas jugement sur ces avenues. J'observe et si je me suis déjà sentie coupable d'ingérer une bière, de manger un steak, de boire l'eau du robinet, de passer quelques jours sans méditer, maintenant je me sens libre de ces contraintes qui m'indiquaient une route rigide sur laquelle la joie des plaisirs était contrôlée et parfois reniée. Pour moi, l'équilibre est aussi en cela!

Je me considère humaine, une femme ordinaire. Je fais de mon mieux et avec tout mon cœur ce dans quoi je m'engage. Je le fais avec de plus en plus d'écoute personnelle, de discernement, de détachement du jugement de mes peurs. J'ai une loi: *la recherche d'équilibre*. Celle-ci se manifeste maintenant à travers l'équilibre de mes hémisphères, de mes polarités masculine et féminine. J'ai eu à donner un *grand coup* pour me reconnecter à mon centre intérieur. Je suis sortie de l'image conventionnelle de la travailleuse, de la mère, de l'épouse, pour chercher ma voie. J'y ai trouvé aussi *La petite voix*.

Laissez-moi vous parler de *La petite voix*. Ce petit livre bleu apparut dans ma vie à un moment de souffrance très intense. Eileen Caddy, la co-fondatrice de la communauté de Findhorn en est l'auteure. Findhorn est un lieu de ressourcement et centre de développement holistique situé dans le nord de l'Écosse et connu mondialement.

Passer un séjour à Findhorn, c'est partager une vie simple en lien étroit avec la nature, assister à des programmes d'enseignement... Madame Caddy a été inspirée par canalisation pour écrire *La petite voix* dès 1953. Il s'agit, à ma connaissance, d'un des premiers recueils de lectures invitant à la méditation quotidienne. Il est bon de le lire en pensant que c'est notre Dieu intérieur qui s'adresse à nous. 365 textes le composent, un pour chaque jour. Ces écrits sont valables pour toutes les années. J'y puise force et courage depuis 1996, de manière régulière. Je suis une *adepte* de *La petite voix*...!

Je suggère cet outil à ceux qui souffrent. Petit format à mettre dans les bagages mais au contenu large, nourrissant la paix, la sérénité et la joie, *La petite voix* se veut aussi un rappel des choses qui comptent réellement dans la vie. Même après plusieurs années, j'y retrouve toujours un mot ou une phrase qui m'aide à traverser un moment plus difficile. Ce livre fait partie de mes objets familiers. Je le laisse à portée de la main. Il m'est alors facile d'y avoir accès lorsque je me sens guidée à m'y ressourcer.

Quelques lignes auparavant, avant de vous parler de *La petite voix*, j'étais à vous faire part de mon besoin de *garder l'équilibre*. Chacun a sa vision de l'équilibre. Certains le verront comme un temps réparti entre l'action terrestre et la pratique spirituelle. D'autres tendront à rendre leurs activités quotidiennes balancées dans la réponse aux besoins personnels, familiaux, de travail, de loisirs.

D'autres encore, ayant choisi un domaine d'activité non conventionnel, tel mon travail en médecine psycho-énergétique, seront confrontés afin de maintenir leur équilibre personnel, à une rencontre fréquente avec leurs propres blessures, poursuivant leur guérison... Nous sommes tous en évolution. Selon moi, il est essentiel que tout thérapeute apprenne à maîtriser l'équilibre des énergies célestes et terrestres circulant en lui, tout en reconnaissant et respectant ses besoins réels. Afin d'y arriver, cela demande aussi de développer l'écoute intérieure, de garder le contact avec la terre et notre pouvoir personnel, d'animer notre cœur de la capacité à laisser l'enfant en soi et la douceur s'exprimer et finalement *d'être* pour *faire et avoir*, en vivant l'équilibre.

Sortir du triangle

Pendant la lecture des chapitres précédents, il vous est certainement venu à un moment ou à un autre, la question suivante: *comment en sortir?*

Je souris en écrivant ces mots, car nombre de fois je les ai laissé vibrer en moi.

C'est seulement lorsque le fruit est mûr qu'il est prêt à être cueilli. Nos guides nous connaissent mieux que nous-mêmes. Ils savent reconnaître le moment juste pour nous mettre en situation. Ainsi, des événements qui peuvent nous toucher directement ou pas, provoqueront en nous des réactions. L'énergie du triangle «sauveur-victime-bourreau» s'activera alors en soi. Naturellement, se manifestera alors notre aspect le plus dominant. L'objectif: guérir, pour répondre au mandat que notre âme s'est donné dans son plan d'incarnation actuel.

Il est important de *demeurer en alerte devant les signaux*. Ainsi vous pouvez choisir de marcher vers la libération ou, si vous adoptez la fuite comme réaction, vous en aurez plus rapidement la vision. Et, suggestion, *ne vous jugez point*. Le jugement de soi et des autres est trop souvent monnaie courante et ne favorise pas l'épanouissement.

Donc être observateur de notre vie au quotidien. Cela n'empêche pas de rire, de s'amuser, mais implique de s'éveiller à notre façon de vivre, laquelle je le rappelle est plutôt névrotique, soumise à une vision sociale à travers laquelle nous assumons notre vie.

Regardons comment nous vivons nos émotions, comment nous réagissons. Sentons comment notre corps physique répond aux stimuli réactionnels. Y a-t-il contraction, relâchement? Quelles parties souffrent? Cela se produit-il au moment de l'action, de l'exposition à la situation ou à retardement? Douleurs à l'estomac, à la tête, nausées, étourdissements ...?

La respiration consciente

Comment respirons-nous? Prenons-nous le temps de respirer ou sommes-nous dans la foulée des événements et de l'action?

À l'inspiration, jusqu'où pouvons-nous laisser descendre la lumière et l'oxygène en notre canal? Comment nous sentons-nous en laissant entrer davantage d'oxygène par les narines, respirant avec plus d'amplitude et consciemment? Pouvons-nous laisser descendre l'énergie de Vie en nous, jusqu'à l'abdomen? Retenir ou limiter la respiration, c'est inviter ou nourrir la victime en soi.

Développer la respiration consciente est un outil favorable pour nous aider à mieux voir nos tendances. De plus, celle-ci améliore notre circulation sanguine et énergétique. À un niveau plus avancé, lorsque vous arriverez facilement à laisser l'énergie descendre jusqu'à l'abdomen lors de l'inspiration, vous pourrez procéder à l'étape suivante:

Cet exercice ne prend que quelques minutes. Graduellement, vous pourrez allonger le temps d'inspiration et ainsi favoriser votre vitalité. Ceci nourrit la joie de vivre.

Il est préférable de faire l'exercice suivant le matin, à jeun ou en fin d'après-midi, en position debout, jambes écartées à la largeur des épaules et les yeux fermés.

Il est important de mettre l'accent également sur l'inspiration et l'expiration, sans les forcer.

Portez d'abord votre attention sur le bassin, là où se trouve le siège du premier chakra, celui de la base. La bouche ouverte, respirez profondément et lentement dans ce chakra en devenant conscient de vos sentiments et des sensations du chakra. Répétez cette respiration du premier chakra trois fois, augmentant graduellement la vitesse et la fréquence jusqu'à cinq fois.

Laissez ensuite votre attention se diriger du chakra de la base jusqu'à votre hara, situé sous votre ombilic. Faites le même exercice et répétez-le pour chaque chakra: plexus, cœur, gorge, conscience et couronne. Certains initiés sentiront le besoin de monter jusqu'au huitième chakra, situé à quelques centimètres au-dessus de la tête. Il est cependant essentiel que cet appel vienne de votre centre profond et non de votre tête qui souhaite que vous avanciez plus vite!

Pendant ces respirations, vous pouvez ressentir le besoin de secouer le corps, de vous étirer. Avec souplesse, laissez se dérouler ces mouvements, en maintenant toutefois votre attention sur les sensations de vos chakras. Soyez patients... Plus vous apprendrez à lâcher prise et plus il sera facile pour vous de lire vos mouvements intérieurs. Au début, si vous n'arrivez pas à sentir vos chakras, respirez simplement dans la région de chacun d'eux.

Répétez trois fois cette séquence des sept chakras. Lorsque vous avez complété, restez debout en silence pendant quelques instants. Puis frottez vos mains ensemble, frottez votre visage avec vos mains et vos pieds sur le sol; ensuite marchez doucement.

Cet exercice amène un contact harmonisant notre corps physique et nos espaces énergétiques. Il favorise l'état de paix, de joie et permet une clarté plus large, face à notre réalité et à celle qui nous entoure. Ajoutons qu'il diminue le stress et soutient notre croissance personnelle. Notre santé physique en est nettement améliorée.

Un autre moyen de vous aider à sortir du triangle est de *prendre des notes* sur votre manière de vivre les trois aspects du triangle dans votre quotidien. Pourquoi prendre des notes? Parce que nous sommes souvent des spécialistes dans l'oubli de ce que nous refusons de voir ou d'admettre! Ainsi, le soir venu, vous pourrez analyser votre journée en portant votre attention sur vos jugements, vos peurs, vos réactions. Il va de soi de penser à porter une attention particulière sur vos jeux de rôles.

Plus nous sommes spectateurs de notre vie, plus il est facile de transformer notre souffrance, en *choisissant d'en sortir* toutefois.

Après avoir identifié comment on vit et comment on se sent dans le triangle, il est temps de passer à l'action pour découvrir l'origine de ces comportements. Si certaines personnes trouvent dans les ouvrages soutenant le développement personnel des pistes intéressantes, il s'avère parfois nécessaire de demander l'aide de thérapeutes qualifiés avec lesquels vous vous sentez non seulement en confiance, mais aussi en résonance.

Vous aurez à refaire des choix en fonction de votre guérison. En général l'individu n'aime pas le changement. C'est, entre autres, ce qui peut expliquer que nous préférons souffrir, de peur d'avoir à nous détacher de l'autre, de notre environnement, de nos croyances...

Pourtant il est beau de voir un papillon aux ailes flamboyantes s'envoler! Ce qu'on ne prend pas en considération, c'est qu'avant de voler librement, il était enfermé dans son cocon. Il ignorait qu'en dehors de son abri, existait la liberté. Voilà, nous voulons tous être libres, mais nous avons peur de nous sentir perdus lorsque la vie s'ouvre à nous. Nous préférons végéter dans ce que nous connaissons, prenant nos limites pour la réalité.

Lorsque nous acceptons notre souffrance et les situations et que nous choisissons de faire un pas de plus, nous élargissons notre cercle de vie. Nous arrivons au point de réflexion où l'application dans notre vie de *l'autobiographie en cinq actes* prend sa place. La transformation demande de la patience et de la persévérance. La Prière de la Sérénité est un bel outil de méditation. Elle donne courage et paix et nous aide à lâcher prise.

Je vous suggère de lire ou relire mon livre *Le temps de lâcher prise* dans lequel les enseignements sont présentés simplement.

Puis, il y aura les petits tests de la vie qui viendront ébranler vos choix de guérir et de vous transformer. Il est donc important d'être à l'écoute des signes de jour, de la synchronicité. L'univers nous envoie ses messages, sachons les entendre.

Il était une fois...

Un homme habitait dans un village qui venait de subir une inondation et le niveau de l'eau continuait à augmenter. Attendant que se calme la situation, il avait choisi de s'installer sur le toit de sa maison.

Arrive une petite embarcation à rames. Un homme y prenant place avance en direction de la maison. Voyant une personne sur le toit, il lui dit:

– Monsieur, monsieur, il me reste une place, l'eau monte. Venez car vous allez vous noyer.

Et notre personnage assis sur le toit, de répondre:

– Non, non, j'ai foi en Dieu. Dieu va me sauver.

L'embarcation quitta les lieux. Arrive ensuite un bateau à moteur. Le niveau de l'eau avait monté. La maison était inondée aux trois quarts. Sur le toit, notre homme demeurait impassible. Le bateau s'approche; le conducteur, voyant quelqu'un perché sur le toit lui dit:

– Monsieur, monsieur, il me reste une place, l'eau monte. Venez car vous allez vous noyer.

Et notre homme de répondre:

– Non, non, j'ai foi en Dieu. Dieu va me sauver.

Le bateau quitta.

La crue des eaux augmentait incroyablement. Bientôt on ne voyait que la pointe du toit de la maison. Couché à plat ventre sur l'angle du toit, les pieds touchant l'eau, notre aventurier attendait...

Arrive un hélicoptère. Une échelle est lâchée et du porte-voix, un homme s'adresse au héros:

– Monsieur, monsieur, prenez l'échelle et montez car vous allez vous noyer, l'eau monte encore.

Et l'homme, pour la troisième fois de répondre:

– Non, non, j'ai foi en Dieu, Dieu va me sauver.

Que pensez-vous qu'il lui est arrivé? Il mourut noyé!

Arrivé au ciel, il rencontre Dieu et le regarde, l'air mécontent, le sourcil froncé et les poings sur les hanches.

– Hé Dieu! Toute ma vie j'ai cru en toi, j'ai mis en pratique tes règles et tes commandements et tu m'as laissé me noyer!

Dieu, dans son inconditionnalité, le regarda et lui dit:

– Mon ami, je t'ai envoyé deux bateaux et un hélicoptère!

Vous avez compris la morale de cette histoire, n'est-ce pas? Nous avons souvent des signes pour nous guider, nous aider. Prenons-nous le temps de les observer?

Les épreuves sont parfois grandes et il peut nous arriver de nous sentir petits, de penser perdre la foi.

Sinaï et moi

Lors de mon premier voyage en Égypte, au cours de l'ascension du Mont Sinaï, j'ai vécu une expérience assez mystérieuse. En pleine nuit, plus je gravissais le mont vers le sommet et plus s'installait en moi l'impression de ne plus croire. C'est comme si je perdais ma foi. Cette aride montagne a certes pu me refléter les étapes de la vie. Je me sentais petite à ses pieds. Moïse, l'élu de Dieu, le prophète, y avait grimpé pour recevoir les Tables de la Loi. Qui étais-je pour marcher sur ses traces?

Cette étrange impression s'entremêla sans motifs d'une colère explicable. J'ai pensé que je rencontrais ma propre colère et celle que Moïse avait pu ressentir en descendant le Sinaï, alors qu'il trouva les Hébreux adorant un veau d'or.

Je me rappelle avoir partagé avec quelqu'un du groupe ce que je vivais à ce moment et lui avoir dit que je pensais que je serais athée, sans foi, une fois arrivée au sommet. Je me sentais malheureuse et impuissante, comme bien des fois en cette incarnation. Je trouvais la montée ardue. Que des tas de pierres, des tonnes de pierres dans la noirceur de la nuit, d'une pleine lune pourtant rayonnante!

À un certain moment, je ne sentais plus mon corps. J'étais une énergie qui avançait vers la Lumière. J'allais, sans le savoir, à la rencontre du lever du soleil...en moi. Dieu que j'étais bénie, mais moi je pleurais.

J'eus longuement l'impression de revivre toute la souffrance de ma vie. J'aurais bien sûr pu choisir de reculer, de descendre, mais je montais, poussée dans ma faiblesse par une force inqualifiable. Tous les aspects de ma personnalité jasaient. Mon mental battait la mesure. Mon ego tremblait je crois, comme mon plexus. Je vibrais à une fréquence variant entre les diapasons les plus bas et les plus élevés.

Malgré quelques brefs moments de repos, je poursuivais sans relâche la montée, répondant à cet appel puissant de mon âme. Arrivée au sommet, je vis mes attentes se manifester. Moi qui pensais trouver la solitude et le silence en haut de cette montagne sacrée, j'étais *contrainte* d'assister au lever du soleil entourée de jeunes personnes qui, agitées, parlaient fort, fumaient ... J'ai porté un jugement: *où était le sacré?* Ma petite voix me révélait clairement mes états intérieurs.

M'acceptant dans ce vécu, un mouvement différent de conscience et de calme commença ensuite à poindre en mon être. Cela me fit du bien. Quelques minutes plus tard, ayant trouvé un endroit plus propice à la méditation, je m'enveloppai d'une couverture de laine et je priai. Ma foi était toujours en moi! Des larmes coulaient sur mes joues devant la beauté de l'infini. Dieu m'aimait toujours, je le sentais en moi et il était Grand, cet Amour qui guérit!

Je venais de traverser toute ma vie dans cette expérience. La vision que j'avais devant moi, c'était l'espace. J'avais l'impression d'être assise dans les mains de Dieu, regardant l'astre doré éclairer le décor sans fin devant moi, celui de ma vie renouvelée.

J'ai placé les quarante-neuf ans de ma vie dans l'énergie du Sinaï. Il était devenu mon ami. Tout était maintenant amour. La beauté flamboyante du soleil levant, c'était l'image que j'immortalisais alors en moi. Pour la cinquantième année de mon existence et pour les futures, je me rappellerai toujours qu'après la nuit, le jour point et que si le soleil disparaît, c'est que le temps de me reposer est venu afin qu'à son prochain lever, mon chemin se dessine sous sa Lumière. Merci Sinaï!

Reïki: principe de vie

J'ai parlé du *Reiki* de manière succincte dans *Passeport pour l'équilibre*. Je vous ai fait mention de la grande source inépuisable de support que j'y puise depuis plus de dix années.

Mikao Usui, ce personnage chaleureux qui retrouva mystérieusement l'essence du Reiki, enseignait que pratiquer le Reiki était un Art de Vivre à développer. Il était très ami avec l'empereur japonais de l'époque, ce dernier étant identifié comme un grand sage. Ce souverain enseignait à son peuple une philosophie basée sur le respect de cinq grands principes ou idéaux.

En passant, je tiens à préciser que le titre de *docteur* fut accordé à Mikao Usui pour son rôle de guérisseur utilisant l'énergie vitale universelle et de bienfaiteur à la communauté. Mikao Usui choisit d'introduire les principes prônés par l'empereur, dans la pratique Reiki.

Je vous fais part de ces principes, car l'application simple au quotidien de ceux-ci, en font des outils favorisant le mieux-être. Dr Usui disait que si notre esprit est davantage en paix, notre corps a plus de chance d'être en santé. De plus, le Reiki optimalisant une meilleure circulation énergétique, sa pratique sur soi particulièrement, contribue à améliorer notre qualité de vie.

Comme l'empereur, il encourageait (cela fait partie de l'enseignement du Reiki), chaque personne à respecter chaque jour chacun des cinq principes. Les voiçi:

Aujourd'hui, je ne me fâche pas

Ce principe invite à observer la colère et la place qu'elle occupe dans notre vie. Ne pas, pour une journée à la fois, vivre la colère. Nous nous mettons en colère lorsque nos attentes ne sont pas répondues ou lorsque l'image de l'autre ne correspond plus à celle que nous souhaitons.

Nous vivons de la colère si nous ne respectons pas nos limites, nos choix, nos besoins, si les résultats de nos actions ne vont pas dans le sens souhaité. Nous tentons de contrôler au lieu de lâcher prise et la colère va de pair avec l'épuisement, le stress et la fatigue ...

Il est important de reconnaître et d'exprimer notre colère. Il existe différents moyens dont celui de se l'avouer, sans se juger, et d'être capable de le dire à l'autre en exprimant le *CJMS* – comment je me sens – tel qu'expliqué dans *Le temps de lâcher prise*.

Vous connaissez peut-être aussi ces façons de libérer la colère, comme taper dans un coussin, lever les vitres de l'auto et crier, l'écrire et brûler ensuite les feuilles ... Il en existe d'autres.

Aujourd'hui, je ne m'inquiète pas

Nous avons développé *l'habitude de nous inquiéter*. On se préoccupe beaucoup à l'avance de choses qui parfois ne nécessitent pas tant d'attention. Au lieu de poser juste les actions pour s'occuper avec équilibre de notre demain, nous nous en *pré-occupons*. Cela fait que nous perdons de l'énergie inutilement. Il est important de développer notre capacité à *vivre l'instant présent*. Cela ne signifie pas de se laver les mains des responsabilités, mais de cesser d'avoir peur de perdre et de nourrir ainsi nos insécurités. Rappelons-nous qu'aujourd'hui je crée demain. La pensée crée. Alors si je nourris peurs et insécurité, je risque fort d'en créer la manifestation demain.

J'ai appris à faire confiance, à lâcher prise pour suivre le courant de la rivière au lieu de perdre mon énergie à vouloir le remonter. Même si je vis comme vous mes difficultés, je demeure de moins en moins longtemps à perdre temps et énergie inutilement. C'est quelque chose qui se développe en moi et pour laquelle j'éprouve de la gratitude. Je me remercie d'accueillir ma souplesse.

J'honore mes parents, mes professeurs, mes aïeux

Ceux qui ont pris soin de nous, que ce soit dans un milieu familial, social, éducationnel, l'on fait à partir de ce qu'ils étaient, de leur bagage d'expériences et de souffrance. Il est facile de juger les choix et actes qu'ils ont pu faire à notre égard. La plupart des parents souhaitent que leurs enfants soient des clones améliorés d'eux-mêmes. S'ils ont été maladroits selon notre perception, il est important de pardonner et d'avoir de la compassion.

Nos expériences passées ont fait que nous sommes là où nous sommes actuellement. Il n'y a pas d'âge pour reprendre contact avec la maîtrise de notre vie et la laisser se potentialiser.

Gagne ta vie honnêtement

Ce principe fait certes référence à un travail honnête et à payer nos impôts ... mais c'est aussi et surtout *être honnête avec soi-même*. Être authentique avec les autres également. Cesser de se mentir, de se faire accroire, de se prouver qu'on a raison. Être vrai avec soi face à nos limites, nos choix, l'exercice de notre pouvoir personnel intérieur.

Vivre ce principe au quotidien demande de s'assumer face à notre responsabilité, invite à l'introspection et naturellement demande de reconnaître nos jeux de rôles: sauveur, victime, bourreau!

Respecte tout ce qui vit

Ce principe sous-tend que les quatre précédents sont respectés. C'est une voie naturelle qui enseigne que nous faisons partie d'un Tout. Lorsque je m'aime, j'apporte de l'amour à tout ce qui vit dans l'univers et vice-versa.

Apprendre à voir et à accueillir la beauté demande de laisser son cœur s'ouvrir et d'apprivoiser notre vulnérabilité sans peur d'exprimer amour et douceur, sans peur d'être jugé, rejeté, de se faire avoir ...

Seul l'amour guérit!

Guérir nos manques:

Derrière l'état de victime se cachent souvent l'insécurité et les manques. La plupart du temps, ces derniers agissent inconsciemment: victime du manque de temps, d'argent, de reconnaissance, d'attention, de mémoire, d'intelligence, d'amour, de volonté, de courage ...

Naturellement, nous invoquons souvent ces états pour devenir ou rester victime, au lieu de passer à l'action, de peur du Cercle vicieux!

Vous pouvez diminuer la charge de la victime en vous en identifiant vos manques et en faisant un petit exercice. Je donne ici les étapes en prenant un exemple.

Exercice pour l'abondance

Je prends l'exemple d'une personne, moi-même (encore une fois, eh oui!).

En fait, je me suis plainte durant des années, du manque d'argent et de la peur d'en manquer. Mon éducation et le milieu dans lequel j'ai grandi ont certainement contribué à cela et ont favorisé l'éclosion et le renforcement de certaines croyances en moi.

Puisqu'il nous arrive ce qu'on croit et non ce qu'on veut, j'ai souvent vécu l'insécurité financière de façon dramatique. Il m'arrive encore, rarement cependant, de la rencontrer. À présent, je la vois et je dédramatise. Je lâche prise après avoir accompli ce que je pense être possible de faire et je fais confiance, en moi et en la vie qui m'amène où j'ai à Être ...

L'exercice qui suit m'a aidée et après plusieurs années, je le pratique au besoin avec grand succès.

1) Identifier un manque, par exemple: manque d'argent;
2) Vous poser la question: qu'est-ce qui pourrait m'arriver de désagréable si j'avais beaucoup d'argent?

De prime abord vous serez tenté de dire: rien de fâcheux... Merveilleux! Cependant, une énergie qui n'est pas d'accord avec vos propos dort au fond de vous. Elle s'appelle *croyance* et elle est enracinée en vous, colorant la relation entre vous et l'argent. Intéressant, n'est-ce pas?

Donc, revenez à la charge avec votre questionnement ou demandez à quelqu'un près de vous, de solide et d'ancré, de vous reposer la question en la répétant. Répétez-la plusieurs fois au besoin, vous imaginant dans des situations de manque d'argent lamentables et ensuite, vous voyant très riche. Reposez la question: qu'est-ce qui pourrait se passer de désagréable si j'avais beaucoup d'argent? Ce qui m'était venu alors, était issu de mon ego qui voulait contrôler ainsi que de mon mental.

Je me disais donc que:

Si j'avais beaucoup d'argent, je ne serais pas une personne bonne et aimante.

Si j'avais beaucoup d'argent, je serais jugée et rejetée.

Si j'avais beaucoup d'argent, je serais sollicitée inlassablement.

Si j'avais beaucoup d'argent, je l'utiliserais mal! Pour exercer du pouvoir?!?

Enfin d'autres croyances se révélèrent aussi.

3) Choisir de travailler une croyance à la fois. Par exemple: les gens qui ont de l'argent ne sont pas de bonnes personnes. Comme je veux être une bonne personne, je me sabote lorsque j'ai de l'argent.

4) Se demander si on souhaite *vraiment* continuer de croire en cela. Qu'est-ce que cela vous a apporté d'y croire? En tirez-vous des bénéfices actuellement?

5) Si la réponse est non, remercier cette énergie de croyance d'avoir été présente dans votre vie et dites-lui que vous lui demandez de se préparer à vous quitter. Toute forme d'énergie est intelligente!

6) Visualisez-vous à recevoir et avoir beaucoup d'argent. Sentez-vous le cœur rempli d'amour pour vous-même, les autres et l'argent. Celle-ci est aussi une énergie. Si

elle sent l'amour, et non pas la peur de perdre, elle circulera librement et de plus en plus dans votre vie.

7) Faites l'exercice écrit suivant, tiré des outils de programmation neurolinguistique:

Exemple de feuille de travail pour changer une croyance. Prendre une feuille de préférence non lignée.

Ancienne croyance:
Les gens qui ont de l'argent ne sont pas de bonnes personnes

Nouvelle croyance: commencez toujours par votre prénom. Par exemple: **Moi, (prénom), maintenant**, je ou j'ai *(suivi d'un verbe actif)*. Dans l'exemple choisi, cela donne: *Moi, Dolores, maintenant, j'accepte l'argent en abondance avec amour et sans jugement.*	Dans la colonne de droite, écrire **tout** ce qui vous vient, **sans censurer** jusqu'à ce que plus rien ne vienne. Lorsque rien ne vient, récrire à gauche la nouvelle croyance (moi, ...). Revenir dans la colonne de droite et écrire encore tout ce qui vient. Par exemple: *sans cœur, tu te prends pour qui? ...*
Répétez au besoin la nouvelle croyance et retournez écrire dans la colonne de droite.	Dans la colonne de droite, écrire **tout** ce qui vous vient, **sans censurer** jusqu'à ce que plus rien ne vienne. Réécrire à gauche la nouvelle croyance (moi, ...). Revenir dans la colonne de droite et écrire encore tout ce qui vient. Par exemple: *sans cœur, tu te prends pour qui? ...*

Faites l'exercice d'écriture, en silence, pendant 20 minutes, en vous assurant au préalable de la tranquillité autour de vous. Vous pouvez faire brûler de l'encens béni, cela favorise une atmosphère d'ouverture. Pensez à satisfaire vos besoins naturels et apportez-vous un verre d'eau pour éviter de couper l'exercice en vous levant.

Soyez conscient que votre mental n'aime pas cet exercice et votre inconscient vous manifestera peut-être de l'inconfort physique ou des blocages ... Soyez persévérant.

L'exercice est à pratiquer *chaque jour* durant 21 jours ou moins, en autant que tout ce que vous écrirez dans la colonne de droite *soit devenu positif et cela durant trois jours de suite*. Ceci indique que vous avez *déprogrammé* votre ancienne croyance et qu'elle est remplacée par la nouvelle.

Toutefois, changez vos habitudes, vos perceptions face à l'argent et apprenez à vous faire confiance. Agissez comme si vous en aviez toujours, avec équilibre, et soyez assuré de plus en plus d'en recevoir autant *et plus* que vous en avez besoin.

Vous êtes une bonne personne et l'univers vous donne ce que vous êtes convaincu qu'il vous revient, par droit divin, *maintenant*! Remerciez l'argent et soyez généreux sous toutes formes.

Jeu de vérité:

Ceci est un autre outil. Prenez une feuille et séparez-la en deux colonnes.

À gauche, inscrivez: ***ce que vous utilisez*** (à votre insu et même parfois conciemment) ***pour jouer à la victime***. Par exemple: prendre beaucoup de responsabilités, d'engagements, avoir un animal, une tâche de plus, dépasser volontairement votre budget.

À droite, inscrivez: ***ce que vous utilisez pour contrôler/dominer***. Par exemple: les plaintes, l'indifférence, la maladie, la manipulation, la négociation parfois, la colère, l'autorité, les pleurs...

Il vous reste à choisir de transformer cela. Pour vous aider à être perspicace dans votre processus de guérison, gardez en mémoire *l'autobiographie en cinq actes*.

Bravo, vous avancez! Courage!

La joie est dans le changement vécu sainement. S'installe alors l'état du Bonheur en soi.

Ayez confiance en votre discernement, en vos guides. Vous trouverez toujours sur votre route *l'outil parfait*, ne serait-ce qu'à travers le miroir de votre enfant, de votre conjoint, d'un voisin, d'un ami ...

Il existe maintes formes thérapeutiques de support à la guérison. Assurez-vous de choisir, en correspondance avec votre cœur, votre intuition et non en subissant l'influence des autres. Référez-vous aussi à *Passeport pour l'équilibre*.

Seul l'amour guérit ...!

CONCLUSION

Je suis à la fin de mon ouvrage et j'entonne déjà les mots qui me guideront vers le prochain.

J'aime la Vie! Merci Vie!

Un jour, je disais que la vie ne m'avait pas fait de cadeau. Aujourd'hui, ma perception est bien différente. Certes, j'ai vécu la victime plus de quarante ans et le sauveur pendant une trentaine d'années. J'ai joué aussi au bourreau.

Je vois plus clairement et de plus en plus rapidement mes jeux de rôles. Me vient actuellement l'image d'un triangle doré dont chacune des pointes identifie l'un des trois aspects en moi: sauveur, victime, bourreau. Je vois ce triangle se jumeler à d'autres qui, en s'agglomérant, forment la structure du cristal.

En tant qu'être vivant, nous baignons tous dans l'essence de la géométrie sacrée. Nous sommes tous interreliés. Lorsque je transforme favorablement l'énergie du triangle sauveur-victime-bourreau en moi-même, j'en fais bénéficier les autres et la planète.

J'agis dans l'univers à titre d'unité faisant partie d'un Tout. J'ai ce grand privilège et pouvoir de participer à la guérison et au mieux-être du plan terrestre.

J'ai, vous avez, nous avons!

Nous sommes Étincelles Divines, Flammes et Fleurs de vie... au cœur de la Création!

Soyons bénis!

BIBLIOGRAPHIE

Osho, Méditation, *La Porte vers l'intériorité, Lausanne, Osho Tantra Éditions, 52 pages*

Sogyal Rinpoché, *Le Livre Tibétain de la vie et de la Mort*, Paris, Éditions de la Table Ronde, 574 pages, 1993

Eileen Caddy, *La petite voix*, France, Éditions Le Souffle d'Or, 467 pages, 1989

Frank Arjava Petter, *Reiki Le Legs du Dr Usui, France, Éditions Niando, 124 pages, 1998*

Frank Arjava Petter, *Reiki Feu de Reiki*, France, Éditions Niando, 143 pages, 1999

Autres titres de Dolores Lamarre publiés/ Les Éditions du Rayon d'Or:

1) *Le temps de lâcher prise*, 1998 Grand Prix du Livre de la Montérégie 1999, essai.
2) *Passeport pour l'équilibe*, 2000 classé troisième au Grand Prix du Livre de la Montérégie 2001, essai.

TABLE DES MATIÈRES

Pour un rendez-vous avec Dolores Lamarre (*consultations et suivi en privé*, ateliers du lâcher prise, Reiki) ou pour recevoir de plus amples renseignements sur les activités en canalisation du Rayon d'Or *(conférences, voyages-ateliers, séminaires):*

Communiquez au:
Tél: (450) 464-6781
Tél: (450) 652-9658
E-mail: *lerayondor@questzones.com*
vivreauquotidien@yahoo.com
Fiche web: *doloreslamarre@alchymed.com*

AGMV Marquis
MEMBRE DE SCABRINI MEDIA
Québec, Canada
2002